韭菜求生！
改造散戶腦

小朋友學投資陪你
抗跌追漲、穩定常賺

suncolor
三采文化

小朋友學投資團隊 著

Ch.0／認識小朋友團隊

Ch.1／概念　輸給股市，因為你的想法太荒唐

階段③ 交易成熟小朋友

Ch.2／行動

一百次小賺1%，永遠比五次大賺20%簡單

Ch.3 ／思考 打造你的長久獲利模式

不魯學堂

24個散戶新手必知的股市術語

- 趨勢
- 上市上櫃股票
- 權值股
- 上櫃權值股
- 法人股
- 飆股
- 紅K
- 綠K
- 長紅K
- 爆量
- 上影線
- 下影線
- 跳空
- KD 黃金交叉
- 均線黃金交叉
- 均線死亡交叉
- 多頭緩漲急跌
- 空頭緩跌急漲
- 價跌量增
- 價跌量縮
- 價漲量增
- 價漲量縮
- 真突破、假突破
- 行情

Ch.0 認識小朋友團隊

小朋友團隊的三人都有金融業與產業界背景，也都曾在投資市場裡失心瘋、受挫，又重新站起來。離開原本的工作崗位後，開始錄製「小朋友學投資」的Podcast。最原始的初衷，是想降低因為觀念不對、慘受不必要傷害的散戶比例，也希望將：**開心玩股票、保護好自己的錢、嚴守停損等觀念提供給大家**，更進一步，不藏私地分享自己曾經敗在金融商品、產業的經驗。

可能有讀者認為我們的內容都偏短線操作，但我們只想說，關於正確的觀念理解是沒有分長短線的。一旦觀念不對，不管是多長的交易都可以變成慘賠，長抱就會變成超級慘賠。這當然不是我們所樂見的。希望透過我們的分享，可以讓大家在投資路上少走一些冤枉路。

在進入本書，先來認識小朋友團隊的三大成員！

順勢王 愛德恩

操作風格：搶短線，尤其是擅長動能和事件的快手。

操作：緊盯有證據、有動能的強勢股。

特色：經常出現ㄢ、ㄤ不清的謎樣發音；生活舉例王。

喜好：曬太陽、滑水、車。

適合：**心臟強大，想要操盤玩動能的小朋友**

波段高手 不魯

操作風格：短、中波段，金流搭配本質好的公司為標的；喜歡以「放風箏」來形容成本拉開已獲利的部位。

特色：Podcast 頻道製作人，同學會文章無厘頭編劇；玻璃心。

喜好：滑雪、抽水煙。

適合：**不想／不能盯盤的上班族、想要穩穩賺的小朋友**

飆股達人 凱瑞

操作風格：擅長判斷多空趨勢，以淺顯易懂的商業邏輯抓飆股。

特色：投資觀念裡的策略長。

喜好：《傳說對決》常被打爆，凱媽是小朋友忠實鐵粉。

適合：**剛剛入市，需要練心智的小朋友**

一作者序一

祝福你找到最適合的投資方式

——不魯

我曾經跟愛德恩在外資證券法人圈打滾了十多年，兩人待過的外資及本土券商算算也有七家。外資圈對市場的看法及操作，對我們來說有如每天工作一般的稀鬆平常。

同時間我們也發現，一般人對外資圈有很深的誤解、電視媒體講的外資存在極大落差。所以剛開始錄製 Podcast，我是抱持著帶給大家對市場正確的觀念，並以過往經驗破解一般散戶的眾多迷思。

慢慢地，我們發現大部分人在市場裡追尋的不外乎是明牌、小道消息，甚至是市場裡不存在的「正確答案」。這都不是我們所樂見的，我們希望大家可以在投資上擁有正確的觀念、找到適合自己的做法，並且有能力好好保護自己辛苦賺的錢。

所以小朋友學投資的 Podcast 內容不像多數財經節目講大盤、個股預測、推薦買賣、分析線型，而是以輕鬆閒聊傳達正確觀念、破解迷思為主軸。提供一個管道、平台，讓大家找到最適合自己的投資方式，並且跟小朋友團隊一起開心地投資、交易。

”我們是小朋友學投資，
主打不報明牌、只教觀念、了解停損，
保護你的錢，看懂大盤金流，帶你開心交易！“

—作者序—

一起迎接夢寐以求的自由生活

——凱瑞

我曾經是個朝九晚十的上班族。是的，你沒看錯。我常常晚上十點過後才下班，加班、應酬、陪國外客人……諸如此類的事大量占據我的人生。我試圖尋找一個地方可以擺脫這樣的人生。

在因緣際會之下，我進入了股市。我發現這是一個充滿希望的地方，似乎只要努力，財富自由、人生自由就在不遠處。但是這個我最期待的地方，卻也曾經使我失望。

我曾經想著，我只要一週賺十％，很快就財富自由了。

我曾經想著，如果我重押一檔股票，一年漲三百％，很快就能財富自由了。這些我曾想過的事情，只給我帶來一次又一次的虧損，更帶來了巨大的挫敗感。

曾經我認真地想著，我要放棄了……

直到一次偶然的人生轉機，我有幸跟隨一個品行良好又勤奮經營自己事業體的董事長。在這幾年的學習過程中，我意外地發現，原來正派公司的股價波動是有其原理的，而非我們在市面上學到的財務分析、產業分析，更不是十次裡有八次不準的預測。

這些原理難不難呢？坦白說，我覺得非常難，甚至是一般人一輩子都沒機會學到的道理。而我的投資生涯就在了解這些原理後，開始由虧轉盈，最後讓我過上夢寐以求的自由生活。

很榮幸能成為「小朋友學投資」團隊的一員。我想藉此機會把畢生所學的職場經驗，用多數人都能聽懂的話，轉化成投資的道理。我相信書中分享的內容，對所有做短線與長期投資的人都能帶來與眾不同的啟發。

Ch. 1 概念

輸給股市，因為你的想法太荒唐

看了一堆大師說股、聽了各界強人分享，
不禁想像……
如果我能抓對一支飆股，資產翻倍不是夢；
如果存對股，每年都能穩定配息，翹腿等錢進口袋。
但是，事情真的這樣簡單嗎？
為何還是聽到許多韭菜的怨聲載道呢？
輸給股市，
一切都是因為你的不明白。

 # 投資前先認識自己
 # 調整心態快樂投資
 # 一切都從正確的概念開始

投資有三階段，你在哪裡呢？

關於「投資」這件事，必經之路有三階段。我們三人都經歷過，無一倖免，分別是：階段①，瞎聽亂跟的新手期；階段②，分析研究的狂熱分子期；階段③，邁入成熟交易的小朋友期。

階段① 瞎聽亂跟新手期

回顧我們經歷的第一個階段，那時候不管對方是朋友、長輩、同事、老闆，只要聽說某檔股票不錯就跟風瞎買，連技術線都不懂就先買再說。就跟市場裡的菜籃族一樣，聽到什麼買什麼，連點位是貴或便宜都不太清楚，只知道買了要等漲，但是漲了之後也不知道什麼時候該走。

愛德恩初踏入投資領域接觸的就是量跟價（以技術為導向的狀態），收到那麼多消息的他，反而轉向去思考兩件事：①時間性，一個消息從發酵到被自己接收到，或是到被市場認同，中間的獲利時間差跟自己的投資風格並不相合，自然就賺不到錢；②明牌、消息漫天亂飛，為什麼他的生活圈卻極少出現亂聽的情形？因此，比起很多人，愛德恩很快地就從階段①畢業。

然而，在投資過程中，這個階段是無可厚非的，但如果你是個積極的投資人或是具有強大的學習能力，你一定會主動去找資料，自然不會道聽塗說，進出時也會有判斷技巧。

階段②分析研究狂熱期

經過階段①的瞎聽亂跟，一定有人會發現「跟著別人買也不一定賺」、「怎麼我都晚人一步」，就開始研究技術分析、去了解怎麼做才是突破，什麼是真突破真拉回，什麼又是假突破假拉回（也就是我們經常被聽眾問到的技術層面問題）。

我們也在這階段修煉好一陣子。過程中，我們總會去想找市場的聖盃、想要破解市場、看指標，一個行不通就看兩個，兩個行不通就看三個……相對於我們現在將技術看成條件，但紀律抓得很緊的狀況是兩個截然不同的光景。這時候的我們總想去研究出答案，即使這答案現在看來也許根本就不存在。

以不魯來說，他曾卡在什麼是真突破、什麼是假突破好一些時間，雖然這問題對他來說，至今都沒有個正確解答，但他領悟到如何去應對。現在的不魯，遇到真突破時他就會去加碼，如果是假突破，那就果斷認賠或是衡量狀況看看能否再等、再做決定。

專心投入研究的階段②不是絕對的不好，畢竟有了這段時間的打底，對邁入第三階段的我們判斷股票是很有幫助的。

階段③交易成熟小朋友

在瘋狂研究股市技術面，發現始終沒有一個明確答案後，接著就會進入階段③交易成熟期，也就是現在的我們——小朋友。

在這階段，你會相對清楚自己到底在幹麼、就算賠錢也會知道為何會賠，收到似真似假的紛亂訊息時，會知道誰是鬼、誰可以試試。在前面兩個階段，每一筆損益你都會很有感覺，但是到了階段③，損益就只是個數字而已。

也就是說，就算你是因為沒有嚴守紀律而持股套牢時，當下也不會惶惶不安，反而會因為知道自己的持股性質是好的、有底的，腦袋中只會出現「等待反彈再賣就好」的想法，在面對帳面虧損時，也比較能夠以平常心對待。

當然，進入這階段也不代表勝率會比前兩個階段高，就像索羅斯說的「**重點不是你勝率多少，也不是你看對或看錯；而是你看對的時候賺多少、看錯的時候賠多少。**」在這個階段裡，仍然會有賠錢的狀況，只是你可以比較靈活地在賠錢時控制住，並且可以在賺錢的時候想辦法放大。也因此有選股技巧、穩定心態，還能夠重複地去執行對的事情，建立在自己相信的紀律之上，做股票也會相對地穩。

我們三人一路走來，目前皆處於第三階段，那你呢？

真突破、假突破可以分辨嗎!?

有方法分辨此時此刻的盤勢是真突破或假突破嗎？答案是沒有！那要怎麼決定是否參與呢？可以用當天的新聞議題或公布的數據與消息（如營收獲利、量價表現等）作為參考判斷。但要如何事先分辨到底什麼是真突破還是假突破，老話一句：無法分辨。詳細說明請參考附錄〈不魯學堂〉。

總結對話

穩定的心態並遵守紀律，即使沒有準確的消息，也能賺錢。

好的投資心態在於知道錯在哪，並且嚴守紀律，重複做對的事。

把腦子理清楚，你是商人腦還是工人腦？

曾有節目聽眾這樣問我們：為什麼原物料漲，進貨成本變高，但股價還是會漲？

在回答這個問題之前，先來分享一個故事：

有個鄉下少年隻身上台北奮鬥，他沒有好的學歷，家世背景也普普。初到台北時，他很自卑，覺得自己比不上台北人。雖然不是學商出身，但因為公司有訂報，工商經濟相關甚至外文報紙都有，少年就利用午休時間看報，持續了七年之久。他也在這七年間發現「盡信書不如無書」，報紙寫的跟課本講教的完全不同，大老闆們從不會去算每個月水費、電費，而是有其他關注重點。

這個故事和「你是商人腦，還是工人腦？」有什麼關係？

以前我們做業務的時候，最常跟財務、管理部起爭端，老是有「我在幫公司賺錢，為什麼你們要一直扯後腿、刁難？」的想法。然而，歷練大半人生後才發現，原來管理部是「工人腦」，而業務部是「商人腦」。

比如說，有次凱瑞負責一場大型典禮，在倒數兩星期時，凱瑞與總務部確認美國、歐洲、日本等地的CEO是否都收到邀請信了？但總務室的人回答：「還沒有。」凱瑞很納悶地追問，原來是總務部覺得限時郵件太貴，所有邀請函都以平信寄出，凱瑞當場傻眼，最後逼著總務部補寄限時航空郵件，只是總務部還是嫌貴，因為對他們來說，增加了這筆成本，公司獲利會下降；但對凱瑞來說重要典禮出包，是大家一起死的事。這裡的總務部就是典型的「工人腦」代表。

商人腦的漲價 vs. 工人腦的漲價

那「商人腦」呢？這就要回來討論「為什麼原物料漲，進貨成本變高，但股價還是會漲？」的問題。因為原物料漲價也等於賺更多錢，但這又是什麼意思？以海運股舉例，油價上漲，很多人就會說海運股的成本要變高了，股價會下跌，這是絕對錯誤的觀念。

實際的狀況應該是這樣：原油業者A要漲價三十%，下游業者B打電話給A表示成本太高不堪負荷，希望A調降，但A不願意，這背後彰顯的問題是——**就算B不買，後面還有很多人排隊等著買，所以A大可以有底氣不降價**。需要原油的B就會轉去跟客戶C說，我得減少供貨了，因為原油價格上漲，成本上實在買不到原油、做不出產品；C當然會跳腳啦，便要求B想想辦法，這時候B就會提出因為原油上漲，他們也得調漲四十％，而C因為不能斷貨只好接受B提出的價格。大家有沒有發現，在這來來去去的過程中，B就賺了十％的利潤，這樣就是「商人腦」。

也就是說，原物料漲、成本漲，股價為什麼還能漲？因為售價漲更多。只要公司業務端可以達成目標售價的交易，一切就成立了。如果你還不相信，下回原油價格又上漲時，不妨去觀察貨櫃的櫃價漲了多少，就可以發現其中的端倪。

看到原油漲價，就直覺B的毛利率會下降，這樣的想法是錯誤的，**根本原因在於「經濟就是供需問題而已」，漲價代表「需求大於供給」，而成本飆漲代表的就是「需求『超級』大於供給」**。

股市裡漲價題材滿天飛，但我們不難發現，行情好時就會有漲價題材，尤其很多亞洲公司（包含台灣）都是做供應鏈的，股市自然會跟著漲價題材走——有別於美國（以客戶需求為多數的狀況）。所以即使成本上漲，只要公司競爭力夠，你絕對可以把售價再往上調整。

這邊也提供一個觀察點，當你在新聞媒體上看到老闆層級（總經理、董事長）出來喊話：「成本上漲，公司獲利被影響啦！」的時候，心裡就要有警覺這背後可能有戲，因為老闆們通常是「商人腦」的最高層。

所以說，一間公司的獲利絕非像課本教的「售價減去成本」。現實的情況是：**成本越高，售價越高**，除非這間公司做的是沒有人要的東西，不然是不會脫離這樣的邏輯。

你是商人腦，還是工人腦？不妨先丟掉課本，進入現實的供需世界來思考這樣的問題吧。

99+ 總結對話

不魯：漲價的時候，通常是行情好的時候。

凱瑞：經濟是建立在供需原則上。

想學存股？那是有錢人做的事

很多聽眾會來詢問我們對存股的看法，而我們的答案只有七個字：「不同意存股，謝謝。」

為什麼我們不喜歡存股？首先，存股需要花很多時間。很多人會覺得小資族就是要慢慢買、慢慢存啊，等到退休就有一筆錢可以用了，如果每月存五百，一年就有六千元，五十年後就可以存下三十萬。

但我們反而覺得有錢人才有存股的需求。因為，有錢人可以透過用股息股利來存股，而金額少、資本小的人做主動型投資會相對有效率許多。

都是一樣的工，主動投資效益更大

回到該不該存股的問題，一般來說，都是因為認為自己的資金不夠、沒有時間研究股票、希望做些被動投資來賺錢或存退休金。但其實存股選擇的標的，跟主動投資選擇的標的，差異並不大，那何不直接把時間用在學習、嘗試主動投資？如果真的不想花精力與時間，可以買基金、ETF。但如果你今天再遇到類似新冠肺炎這樣的全球性疫情，你就必須問自己，有辦法接受帳面呈現負二十％，甚至負三十％的數字嗎？很多人說存股就是越跌越買，但即使你往下買，資金小的人能買幾次？更別說，最後還有可能變成「接刀」的狀況。

因此，我們認為存股不適合小資族，尤其是在通膨、房價飆漲的高壓力下。**小資族應該要積極操作，確認自己的投資屬性、了解產業屬性，才**

能創造比存股來說相對好的績效表現。

至於，我們三人不太願意存股，是因為我們不想忍受這種被卡著的波動。再加上，沒人知道下跌的錢什麼時候會回來，如果投入資金不夠大，領到的股息也是沒有感覺。

過去、現在，存股的意義不一樣

但是，為什麼以前會覺得存股很好呢？因為過往的股票會發股票股利，很多人的股票就是這樣從十張存到變二十張；現在則是配現金股利，除非你有幾千萬、幾億存在裡頭，等著生現金股利，不然其實都不太划算。對了，現在配的現金股利，有的還是從你的股票來的，比方說，假設這檔股票一百元，配了五元的現金股利給你，當天開盤剩下九十五元，如果沒有漲回去，等於是拿你自己的錢發股利[1]，然後這些股利還要併入你的所得稅。

好啦，如果你鐵了心就是想存股，還是要去了解產業與市場的樣貌，才會知道兩百多的台積電是便宜，六百多是貴的市場行情。但你對市場行情都充分地了解了，其實也就擁有主動投資的資格，何不再花點時間去摸清整個產業的變動？

其實投資並不難，重點是你了解它的方式與觀念是否正確。你可以透過多看財經新聞、多看資金排行開始，慢慢抓到市場主流；或是反過來說，市場上發生什麼事、產業有何新趨勢、國際上有哪些熱門時事……只要你去學習，一定都可以知道。由衷鼓勵大家都能慢慢去學習，不要總是

1　這就是所謂「除息」與「填息」。除息是指配息之後股價會從市值扣掉已經配給股東的股利，因而向下調整；除息前一日收盤價與除息後價位間會出現價位缺口，此時若股價回升超過除息前一天的收盤價，即為「填息」。

覺得自己不懂，只能被動投資。

主動投資有它好玩的地方，對「小朋友團隊」來說，無論賺或賠都是開心的，因為我們享受這個過程。看報紙、查資料，都是在了解產業趨勢，你也可以更進一步，透過產業趨勢了解元件需求，來認識原來台灣有這些公司是其中的供應鏈廠商。

這些不只是認識產業，也會累積你的知識含量，這就是投資有趣的地方。或許大家可以換個心態，把這些東西變得有趣、轉變成興趣後，就可以更舒服的姿態去了解產業，並妥善配置自己的資金。還有一個好處，當你開始全面地了解產業時，你也會發現，你跟什麼人都聊得起來。

< 99+ 總結對話

愛德恩 EDWIN 小朋友：存股效率慢、對人生知識方面的加成相對比較少，更鼓勵大家主動投資。

BLUE 不魯 小朋友：我們鼓勵主動投資，所以不太贊成存股。

凱瑞 CARRY U 小朋友：既然都是要花時間研究，我們更鼓勵主動投資，讓自己在投資上有機會學習更多。

Aa

還在痛苦交易？先來調整心態！

人在不舒服的時候，心裡多少都會有底。像是知道自己看到某樣東西會難受，就不會去看了；又比如覺得坐雲霄飛車很恐怖、下地後可能會吐，就不會勉強自己去坐。

但奇怪的是，進入投資市場後，反應就不太一樣。比方說，第一次被套牢，感覺很痛苦、第二次被套牢很痛苦、第三次被套牢又好痛苦，接著心想「總不會再套牢了吧？」然後迎接第四次的套牢。每一次都套牢……每一次都好痛苦，你也反覆說服自己這是投資的必經過程、自我催眠要抱住，因為抱住才有機會回來。

觀念不對，做啥都不開心

很多人在投資過程時，套牢賠錢不開心、沒賺到錢或早賣少賺也不開心，可能三十次進出剛好有一次賣到高點時才開心，其餘的二十九次都好鬱卒，這不是很痛苦且本末倒置嗎？我們一直強調「生活即投資，投資即生活」，要不要開心都是一體兩面、一念之間。

觀念不正確，投資是絕對無法開心的。我們常跟大家宣導「要快樂地投資」，投資的時間再少也會占據你每天的一定程度，如果真的要做，為何不開心地做呢？只是，無論是賺是賠，每件事有兩個面向，隨時都需要翻轉觀念，尤其是要從痛苦轉到開心，如果你可以駕馭自己的情緒，在操作過程中自然也會比較開心。

生理上的痛苦，大家會因為難受而不敢再碰，比方說，被燙過知道看到火要閃、吃過期食品會拉肚子下次就不敢亂吃。但心理上的不舒服，卻很容易因為「好像還可以忍受」而重蹈覆轍。小朋友團隊的每個人都經歷過這樣的時期。在還沒賠錢跟被套牢前，我們也不知道投資居然會有「痛苦」的感覺，但經歷過大賠、學會「停損」，也懂得「挑股票」後，即使生理心理同時不舒服，也不會太擔心。

舉例來說，今天賣出一檔股票，而後這支股票股價又漲停，這時候應該很多人會因為少賺而懊悔，但若心裡已知道這是一體兩面的事，加上也擁有找股的能力，心態上自然能泰然處之；在面對賠錢情況時，會先去做停損動作，但心情仍是一樣的。

如果覺得這樣的敘述太過於抽象，或許可以用「不要比較」這四個字來排解。

舉例來說，今天賣出一檔股票，隔天該股票又漲停，你開始內心小劇場糾結打架時，就是在拿「現在沒有賺到這一波的你」跟「假設有多賺到一波的你」比較。當你會為了過去而怨恨、會為了未來而擔憂，人就容易陷入煩惱的無限迴圈裡。因此說活在當下，不要比較，人會很開心。

不比較，才能放過自己

雖然在生活中「比較」難免存在，在投資市場裡，「不比較」也不是容易的事，然而，就像很多事都需要練習，我們也鼓勵大家去練習「不比較」，放自己一馬。也或者，你可以試著換位思考。講個故事：

有一個人不幸出了車禍，兩腳受傷得去縫合。當下他心裡想著：「我怎麼這麼衰？明明下雨天騎車要趕赴客戶的約，很辛苦，為什麼所有屎事都發生在我身上？客戶也快下班了，今天鐵定來不及，明天又有別的事要忙，回去要被老闆罵了，衰死了！」結果這人到了醫院，就看到一個被砍傷的急診患者，手臂搖搖欲墜地被人推進診間，剛剛這位出車禍的人，瞬間覺得自己很幸運、人生很美好。

換個不同的角度思考，對於轉念絕對有一定程度的幫助，建議大家不妨試試看。

另一個心態建議，就是買賣股票時「**單純思考買進跟賣出**，**中間可以賺錢**」就好。不開心的事就不要去做、不要比較，找到屬於自己的做法、適時停損，也不要一再說服自己「沒事」，這樣就沒問題了。要記得，「開心做一件事」才能長久，不開心的話，就調整成讓自己最沒有壓力、沒有負擔的狀態。

回到主題，你要開心投資？還是痛苦投資？

首先，你得真正地「了解自己」，你可以從知道自己在為什麼事不舒服，來了解自己真正的個性，並透過時間將投資操作調整成自己喜歡的模式。比方說，手裡握有一檔股票時，每次有漲跌，你的心也跟著起起伏伏、時時刻刻盯著漲跌幅度，那你就可能不適合做長線。相對地，有些人可能資金雄厚，開口就是「我兩天沒看盤了」、「上禮拜看的時候還不錯」，這樣的人或許就適合抱長線。

藉由投資的心態、抱股票的感覺來了解自己、做調整，就能在相對開心的狀態做投資。

沒有人會想害你

我們始終認為，進入投資市場前，絕對需要學習用對的心態去適應環境、認識自己。聽明牌反而賠錢就不要去聽，做長線會賺錢你就去做。投資時，就該順著自己覺得舒服的姿態、意念，去做就可以了。

但是，我們也發現投資散戶常會有被害妄想症——就是每個人都想害他，永遠在害怕「大戶是不是要賣了？」、「外資是不是打我？」、「法人是不是踢我？」，雖然想搖頭，但這其實也是一種人性常態。因為人總是會因為過去而不甘心，也常常會為了未來而不安，例如「現在指數已經一萬七千點了，我會不會因為來到高點而被殺？」從八千點不甘心到一萬兩千點，從一萬兩千點不安到一萬七千點……永遠處在恐懼與不安中，永遠覺得自己的錢很不安全，持股時你不安，沒有持股時更不安。

我們都懂！我們也是這樣一路走過來的，但我們認為會出現這樣的想法，主因是對自己的交易不夠有信心，不知道這筆交易是為了什麼而買、不知道什麼時候要賣、不知道該在哪裡停損，然而，若你能在此時踏穩步伐，就不會這麼緊張了。

再進一步來看大盤的被害妄想症，有人會擔心大盤如果發生什麼事，是不是就會直接反轉，但歷史回測，大盤創新高後直接V型反轉——這樣的事「從未發生過」。另一方面，只要有強勢股還在跑，就代表盤不會崩，因為崩盤前，你會有很長一段時間找不到東西可以買，買什麼套什麼、也沒有持續並穩定的強勢族群在跑（延續性不強）。

因此，當你有了自己的交易邏輯，大盤變弱或族群變弱時，你的持股會自然而然變成適合大盤的組合。當大盤回檔修正，但盤面上還有強勢族群在跑的時候，我們認為其實是不需要擔心的。

至於個股方面，很多時候個股才開始準備上漲時，買第一根漲停真的不會怎麼樣，然而很多散戶會處在「擔心、想再觀察」的狀態，直到股票漲了許多後才買，接著就是準備面對下跌。當起漲出量的時候，各位也會聽到很多諸如「高檔爆大量」、「隔日沖買很多啦」、「隔日沖券商」的聲音，然而，隔日沖擋不住趨勢，趨勢來的時候，隔日沖再多都會被消化掉。但，說到底，只要觀念與心態正確，看到起漲的時候買了一根不成功，代表策略不成功，頂多就是賣掉，非常簡單。**股市的起漲取決於當日開盤價、收盤價、最高價、最低價的相互關係，沒有人可以害你。**

99+ 總結對話

愛德恩：去除心裡的不舒服認知，不要自己生一堆內心小劇場，定好劇本、徹底執行、嚴守停損、開心交易。

不魯：害怕時想想自己是不是被害妄想症。如果已經控制好，也想好賣點，就不用擔心太多。

明牌就在你我生活中

所謂「投資」，就是抓到趨勢，把錢放到正確產業。這些趨勢都藏在生活裡，就看你懂不懂得「發現」。但要怎麼找到這些趨勢？不妨多用心觀察身邊哪個產業需求突然增加，或是哪個產業出現結構性的變化。

要怎麼尋找藏在生活中的趨勢呢？有兩個思考點能幫助大家找出蛛絲馬跡：① 是否注意到它；② 是否為國際性的趨勢。

說得簡單點，「國際性的趨勢」會讓我們比較輕易找到一些「明牌」，就看你有沒有仔細去找、是否對這些身邊事物留心而已。平心而論，其實每年都會有好幾波的「趨勢」，或許沒有辦法每個都抓到，但只要多觀察、多留心，一年抓個一至兩波其實就很足夠。

世界的連動比你想的緊密

只是很多國際上正在發生的事，多數的人會想「台灣又不一定」、「台股哪會跟美股一樣」。但在這裡要提醒大家，每一個國際時事都有機會連動全世界的股票。以 Tesla（特斯拉）為例，當 Tesla 上漲的時候，我們也會看到台灣相關類股雨露均霑而受惠。

當然，一定會有人說：「就算我有注意到，也不會找股票啊。」就以二〇二〇年新冠肺炎的案例來看吧。當肺炎疫情初興起時，大家一定都看到買口罩要排隊了、口罩廠被國家徵收等等現象。三月時，各國疫情開始嚴峻，也開始出現死亡案例的時候，大家才正視到這是非常嚴重的事，口罩概念股也在當年二、三月飆漲。各位應該還有印象，當時各大新聞台不斷播報台灣口罩隊有多強，光是口罩漲價這件事就讓相關公司的盈利往上跳，再加上被國家徵收，這就表示完全沒有出貨或囤貨的問題。

回過頭來看，當國際上發生重大事件（如新冠肺炎），每個人都看到口罩狂銷、民眾搶購，你有想到要去找相關的股票嗎？二〇二〇年五至八月，因為疫情關係，居家辦公股受惠，其實這個趨勢一走都是好幾個月甚至到一季，當時包括做相關軟硬體的公司股票都漲很多。這些事都發生在你我身邊，大家都知道，但你有沒有意識到並運用到投資上呢？

講得再進階一點，當三月初疫情開始嚴重，三月底知道口罩開始夯，如果你這時候馬上去找股票，其實早就漲翻了。但一般人都是等到五、六月新聞報導寫了，相關個股都漲了五倍了才去買，這就是一般人常面臨的問題——**等到有人提某某股翻漲才去追，也就因此常常買在最高點。我們認為，最健康的觀念與做法，應該是在事情剛開始發生、剛開始醞釀時，**

就先進場布局一點，不用把身家全部 all in，但至少不會錯過這樣的趨勢。然而，當知道疫情、知道口罩很夯的時候要用什麼步驟找到相關股票？以我們小朋友團隊來說，當看到新聞播報口罩被徵收、買口罩開始需要排隊，心裡就會想「這個有搞頭喔！」，接著我們會參考新聞幫忙整理好的股票，或上網搜尋「口罩相關公司」、「股票相關概念股」。

也就是說，我們不會去「問明牌」，而是從身邊的例子或國際間發生什麼事來推斷可能有哪些公司或供應鏈會受惠，至於受惠的供應鏈個股，只要上網查詢就能找到。

抓到趨勢、也查了族群相關個股後，一定會有人問要如何從這麼多的股票中選出飆股？雖然我會回答：「不要再拿你的錢開玩笑。」但也不是沒有辦法，只是需要你的勇氣跟「ㄍㄧˋㄡ小」（膽量）——追強殺弱。

有人進出才顯得有討論熱度

股票就像打撲克牌，一次抽五張牌，A留下，梅花七、方塊六的小牌就丟出去，最後留在手上的那一支一定是飆股。也就是說，假設今天看的是航運股，但我不知道哪一支最強，所以每一支都買，等某一支跌了，就把那檔賣出去。

除此之外，也建議可以找業績最好的。每個熱門產業都會有龍頭，就像台灣加權指數市場的龍頭就是台積電，除了看業績，也要看金流走向——往人多的地方去。回過頭來說，當你有膽量跑去現場，發現原來現場不是黃金而是放了一顆炸彈，在第一時間跑掉就好。但很多人卻是看到人多的地方就喊一定有炸彈，沒有「ㄍㄧˋㄡ小」不敢靠近，因此到目前的投資生涯都沒有買過飆股。這也就是說，當你發現投資機會又不確定方向是否正確的時候，最保險的方法除了不要有任何動作，等待有明確跡象再參與漲跌外，你也可以試著分批進場，方向對了，再評估股票走勢適時加碼或減碼，發現方向錯了，就第一時間停損止血。

以二〇二〇年的狀況來說，假設在疫情的當下，看到王品的表現依舊不錯，表現不錯的原因可能是因為大家預想等疫情趨緩，大眾會去餐廳消費，很久沒有去王品用餐的你也想去，將這樣「連自己都想去」的想法來做投資，就是投資即生活。你想去、身邊朋友也想去，這樣它的業績就會增加，也是「人多的地方」的概念。

從沒有人到超級多人，通常就是超級飆股。再以新冠肺炎的例子來說明，在疫情發生以前，你上街會戴口罩嗎？你會在意口罩是藍還是橘嗎？但是，二〇二〇年這樣一個原本沒人在乎的東西，突然排起長長的搶購人龍，還排到你家樓下，那就代表「一個本來沒有人的地方，突然湧進大批的人」這些都是你生活中一定可以觀察得到的事。而回顧當時，相關股票也確實翻漲了好幾倍，如果你沒有買到，就要反思，為什麼沒有想到要跟買相關的股票？

所以人多的地方就該去，去看看到底是為了什麼事，了不起虧個三%、五%，停損就好。但你的停損要建構在發現它跟你想像的不一樣，而不是建構在你不認識的人事物上。所以我們也常常宣導，操作一定要有邏輯，所謂邏輯就是你的眼睛看到什麼，就該做什麼。

總而言之，老話一句「生活就是投資」，你要勇敢地去抽牌，但是抽的牌要是現在最被關注的熱門題材。很多人會用「人多的地方不要去」這句話勸誡投資人，聽到這話就該反問：「那是要去人少的地方嗎？」如果你真的這樣天真地想，建議你乾脆晚上去墓仔埔好了，那裡都沒人啊。對我們來說，**生活才是答案**，**人多就代表很多人進出這檔股票、熱度夠高**，所以就應該要往這個方向去。

99+ 總結對話

投資即生活，生活即投資。與其問人「明牌」在哪，不如從身邊找，買生活上真正的趨勢股。

國際大事發生時，就是明牌現身的時候。當這些事影響到生活時，就更有上漲的機會。

Aa

不要盲目信從目標價！

很多投資新手或對投資不熟悉的人，因為慘賠、不知道該去哪學習，便轉去求助某些「比較會的人」，又因為不懂而更聽信這些人的話，自己完全不思考。這是非常可怕的事。

在談目標價前，先跟大家分享一個小故事：

某天，有兩支牙籤相約去散步，一支叫A牙籤，另一支叫B牙籤，走在路上時突然看見一隻刺蝟跑過去，A牙籤就跟B牙籤說：「×！我的公車跑了。」

就像每個散戶都會猶豫要不要上車這件事，每每一有車開過，就會覺得是自己的車過去了。當你聽到目標價一百元，而現在是七十元時，到底要不要上車呢？會不會跳上去才發現——這不是你要的公車，而是一隻刺蝟啊？

一般來說，我們會將目標價分為兩種。

第一種是：婆婆媽媽、阿公阿嬤這種「在你身旁出現的目標價」，另一種則是外資、券商，或是你在電視、報章雜誌上看到的，比較正式一點的「法人機構估的目標價」。

你說我說大家說，到底該聽誰說咧

先從坊間的目標價講起。相信曾經接觸過股市的人，應該都不會陌生，甚至也有過這樣的經驗。你不管是從鄰居的阿姨的小孩的弟弟的妹妹的……管他的，反正就是「聽來的」——「聽說這檔股票不錯喔」、「聽說這間公司不錯」、「目標價多少多少，要不要買一點？有錢大家一起賺」等等。尤其是我們做金融證券這一行的，家中長輩或親朋好友一見面總愛靠過來問：「報一支給我們吧，目標價是多少？沒有目標價怎麼買？」

但當有目標價的時候，又會讓很多人陷入被限制的狀態，就會覺得手上的股票到了「目標價」才能賣，沒有到就要繼續抱，因為這個人講的很厲害。

目標價，很容易讓人失去判斷能力。舉例來說，自從加入「股市爆料同學會」這平台，就很常看到諸如因為生技很夯、口罩很紅等題材，開始有人報明牌的情況。不是說這些股票不好，因為有人報了某檔股票讓股價一路往目標價方向漲也沒有問題，問題往往出在股價跟目標價的走勢「背道而馳」的時候。此時，一般的投資人大概會出現這些想法——呃，抱得不太舒服還有點痛苦，可是目標價一百零一元耶，現在才六十幾元……欸，怎麼又變成三十幾了？那那，那我「蓋牌」好了，我相信總有一天會到一百零一的，我相信報牌的人。

「蓋牌」在這裡的意思，應該是不要再理這檔股票、也不要回頭看吧，這是我在平台上聽過最扯的一個詞。

但是，股票買賣不能真的遮住眼睛「蓋牌」不處理，參考目標價也要有健康的觀念。目標價除了可以當作一個方向性，趨勢往上的話就繼續跟著做之外，也可以將它當作「動能」的指標。當有很多人談論這檔股票，也給了很高的目標價的時候，我們應該把這樣的數字當作參考，但目標價絕非正確的答案，在股票反轉時，也要勇敢去面對，或是思考是否不該盲從，並且學會停損保護自己。

況且，很多時候「目標價」也不是那些厲害的人說的，而是你說、我說……轉一圈回來就變成「我們聽到的目標價」，而這樣的東西是最最可怕的。會聽信傳言是因為不懂，想去聽懂的人講，殊不知你聽到的這些不一定出自懂的人口中。人傳人的東西，以訛傳訛是最不可信的。

券商的數字祕密

至於，「券商的目標價」，通常是這樣來的——每家券商都養有自己的研究員，研究員出去拜訪公司回來，對該公司有了一些認識與了解後，就會用金融算法算出一個合理的目標價。

重點是這些目標價都是可以手動調整的。

此外，券商的目標價也存在競爭關係。很多分析師在需要被媒體注意、需要被客戶關注的情況下，也會把目標價當作工具。

以聯發科為例，二〇二〇年華為被制裁，市場預期聯發科會連帶受惠接到更多的單子，所以股價就往上成長，價格預估六百到八百元不等。中間很多券商開始從六百元喊價，六百、六百五十、六百八十、八百……最高甚至有到一千兩百元。

試想看看喔，如果我是個希望被市場看到的分析師，當然會喊個最高的價錢一千兩百，雖然不是所有分析師都會這樣做，但多數的狀況常常就是如此，不只本土券商會這樣做，外資也是常常這樣。

喊來喊去的目的，就是希望大家可以看到他的目標價，這時候如果投資人還盲目聽信的話，不是很蠢嗎？雖然，還是有很多達到目標價的狀況，但當目標價達到了，券商會做什麼動作？一定就是再上調啊。反之，如果不如預期，就下調明年的期望，也因此，對於目標價真的不能一味地盲從，還要呼應前面講的「可以把目標價當作參考，但它不是唯一的答案」。

總結對話

券商或坊間的目標價，都是「參考」、「方向性的指示」，並非絕對的終點站。

聽旁人的目標價，省思手中的牌，想想下一步動作，千萬不要盲目地相信。

大盤崩跌啦！要逃命還是加碼？

你有思考過市場大跌時，到底是在跌什麼？跌得合理嗎？二〇二〇年十二月，台灣股市因為新冠肺炎一人確診案例而下跌，這時候該考慮的是：①明天要是續跌我該怎麼辦；②如果反彈，哪些股票會彈最多？

大部分的人可能都沒有好好深思過，這些股價下跌是因為它有問題嗎？它不好嗎？你買進的理由消失了嗎？假設你買進航運股，是看中航運業會因為疫情受惠而運價暴漲，所以它值得投資，但那天是因為確診案例而股價大跌，這時候你把它賣掉，是不是很不合理？

情緒不是買賣進出的理由

市場反應永遠是全部人加起來的情緒反應，大盤只要一跌，在搞不清楚的情況下，特別容易因為害怕而跟著賣掉手上的股票。

以我們來說，這種時候心裡通常是這樣盤算的：不管我今天接哪檔股票，如果明天繼續跌，或是下午、晚上美股繼續大跌的話，就整體再減碼，不然就另找強的東西來買。

繼續前頭二〇二〇年十二月一人確診新冠肺炎的例子，因為一人確診跟公司本身的結構、獲利來源沒有太大的關係，而且這檔股票的營收跟獲利狀況都在超級強勢的情況下，在做法上可以有兩個選擇：①全部砍掉不操作以免明天繼續跌；②尋找明天反彈後可能可以獲利作多的股票。通常，我們會選擇強勢股或獲利數字優異的股票來操作。

進一步用愛德恩當時的操作來說，當天他很積極地調整持股，長相多頭的股票他會去考慮是否有公司或結構上的變化可以加碼，或是要不要留下來，並且將較差、比較想放長線或表現不優的股票砍掉。也就是說，他不僅處理掉趨勢向下的空頭產業股，也加碼趨勢向上的多頭產業股票。

對愛德恩來說，新聞只是拿來解釋那些波動的理由，讓我們知道大眾為什麼恐慌、到底需不需要這麼恐慌、下一步又該怎麼動作？因為愛德恩是以操作為最優先、動能跟價格反應為重點考量與選擇的人。當股市下跌，他會去選擇跟下跌理由完全沒有關係的近期強勢股，同時又是維持在多頭型態，未達停損點的標的。

因此，股市發生下跌時，建議大家不要急著慌，先去確定這個下跌跟自己的持股有沒有關係？下跌的理由合不合理？好好靜下心思考，再去執行應該做的事。

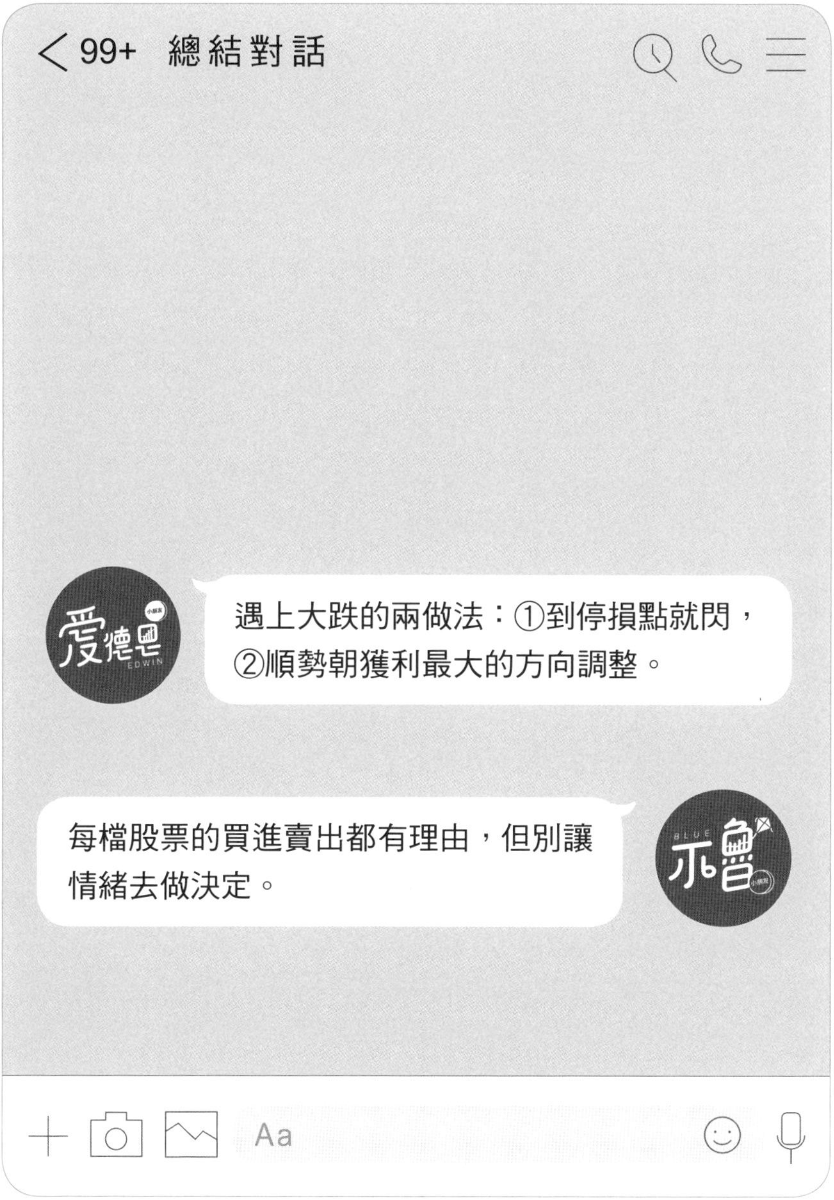
99+ 總結對話
遇上大跌的兩做法：①到停損點就閃，②順勢朝獲利最大的方向調整。
每檔股票的買進賣出都有理由，但別讓情緒去做決定。
Aa

當沖行不行？奉勸新手先不要！

雖然我們也會當沖，但並不建議新手這麼做。當沖需要的技術不只比做波段來得大，若是沒有建立紀律觀念，很容易在當沖來去後直接畢業。盤中波動大的時候，做短是相對有利的，但為什麼我們還是想勸新手不要做呢？除非是已進入在前面提到的階段③交易成熟期，否則，只有階段①、②功力的人，我們都不建議當沖。

原因在於，一般人很容易一進場就想當沖賺個三百元、六百元、一千元，然後閃人。每天都能收錢的感覺真的很不錯，但重點是你得要夠厲害、也夠有紀律才行。一般的當沖其實很吃技巧，大部分都是在試市場情緒，而非買基本面、技術面或是消息面。

我們都知道盤中要看的東西很多，要看新聞、資金面，要看國際、日本、韓國目前的指數走勢怎麼動，還要看市場資金的信心。初階的新手很難一次看出這麼多東西，如果又是上班族，想在股市裡當沖來當沖去的，就更加危險了，因為極有可能只是去開會或接一通電話回來，整個市場的信心就出現轉折了。

另一方面，在交易成本上，正常的手續費是成交金額的零點一四二五％，一買一賣就大約是零點三％。也就是說，你買進一檔股票想要當沖，需要它漲超過零點五％才有賺錢的可能。所以想想，當沖的手續費加上稅金，這樣的成本其實也是很可觀的。

新手還是適合做波段

相較於當沖，我們建議新手可以做波段。因為做波段，市場的基本面或技術面都可以輔助你在波段裡抓到方向，而方向性可以讓你的持股跑得更久更遠。但是當沖的話，營收這些基本面是沒有用的，技術面也沒有用，在當沖框架下這些東西很常與你的認知相反。

雖然基本面、技術面在當沖時都不太有用，但技術面對當沖的人卻可作為紀律進出的工具準則。不過有更多的經驗是，市場當天的方向與情緒才是當沖的最主要關鍵。

另外，某些股票在市場的關鍵價位，都有主力在玩，因為大家都是看量、價以及日內的型態去做當沖，有經驗的人會知道某些價位過了就萬里無雲，但也可能會遇到過了某個價位卻反轉的狀態。

在這中間，主力的玩法有可能是把這一大票的量全吃掉，比方說五十元掛四百張的單，但在吃掉之前，主力會又早已先掛好五十點一、五十點二、五十點三、五十點四元的買單，等吃下來後，再掛一個高價單讓市場追，殊不知他已經開始出貨。但這其實也很難看出來，除非你要再去搭配新聞、資金、國際、信心、基本面、技術面等等的多項資訊。

覺得不好懂嗎？我們試著再用更簡單的舉例說明。

我們一直強調：市場就是在供給與需求的體現。把前述情形套到筆袋市場，假設一個筆袋的合理價格是五十～五十一元，今天A生意人剛好有錢也想在市場上收購筆袋從中獲利，他可能會這樣做：出五十元買下四百個（因為是合理價格，加上筆袋的貨源齊、交易也熱絡，A成交的機率也高）。A便一手接五十元的筆袋，另一手炒高價格，在市場上同步掛出五十點一元、五十點二元、五十點三元、五十點四元的購買價格，讓人覺得筆袋的需求很不錯。不知情的人只看到表面狀況就覺得「哇，現在筆袋好夯啊」也跟著進場。

這時候做兩面手法的A，眼見時機大好，繼續掛出相對高價後，市場多數人認為有獲利機會也跟著追，最後炒到五十八元，A便掛了五十八元的賣單賣出收手，而筆袋市場的價格也就因為沒有人為的刻意操作而回檔修正，可能好一陣子都回不去之前的價格，而在這些價格買下的人也就因此套牢。

這樣說明，是否更好理解？

除此之外，在當沖的過程中，也會遇到因為不想認輸所以就留單的狀況，也就是賠了先放著，甚至去賣掉手上對的標的的狀態。然而，市場行情不好時每個人都看得出來，但當很容易玩的股票開始變得不好做的時候，大家就會比較分辨不出來。

這也是我們認為新手不要玩當沖的原因之一，因為人在面對賠錢的時候，風險胃口會變大，為什麼市場上很多人一當沖完後，手上很多持股變成都是賠錢的隔夜持股，就是這原因，而這也容易變成惡性循環。

當沖基本原則

如果你真的不做當沖會死的話，最簡單的原則是：**市場漲跌家數中，上漲家數超過七百家以上你再做多，當上漲家數低於三百家時你再做空**。

很多人想做當沖又不理大盤，但我們會建議確定大盤方向時候再做動作。當漲跌家數介於三百至七百之間，這個技術含量就又會更高，奉勸大家不要輕易嘗試。

另外，很多新手玩當沖會一開始就買進再放到收盤，對此，我們也不建議這樣做。玩當沖，相對的就是要去限制你的風險，最重要的一點就是方向。但剛開盤的方向是最難確認的，因為開盤有開盤的情緒存在，我們寧願不去做早盤，可直接等尾盤（因為早盤與尾盤都有量）確認要拉或殺，並且搞清楚方向，同時考量上述漲跌家數條件後再做判斷。

簡單說來，想玩當沖的人九點到十點這段時間是高手區，等你的等級突破五十後再來，建議新手可以十二點再來，那時候的盤比較穩、也跑比較慢，你再去參與市場行情。

總結對話

人性觀點、市場主力、交易成本很重，奉勸新手同學不要亂當沖。

當沖三要件：①處在交易成熟期，②可以承受不賺錢的風險，③能嚴格執行紀律。

Ch. 2

行動

一百次小賺1%，永遠比五次大賺20%簡單

踏入投資市場無非是為了增加資產，
但是大賺哪有那麼容易。
小朋友說，練好基本功＋行動配合，
真正的贏不是一次大賺 20%，
而是常態保持小賺 1%。

 # 不要急著衝調整行為再行動
 # 新聞資訊很重要但要懂得看
 # 客觀換位思考找到市場需求

股市基本功①看盤：學習盤中三大依據

進入股市是一種行動，但是在這之前是否有什麼是散戶、新手都該學習的重要工作呢？我們歸納了進入股市不可忽略的基本功，其中第一點就是「看盤」。

以下就從三點來說明，幫助大家掌握看盤技巧，舒服又不出錯！

找大方向、不要複雜

看盤到底要看什麼？多數人會盯著自己五檔、十檔的持股，覺得這就叫看盤，但這樣的動作對我們來說稱不上看盤。

以愛德恩來說，他擅長當沖、隔日沖或是短波段的操作，因此**評估大盤的膠著程度就很重要**。大盤若是膠著，無法有個明確的方向時，他會邊唱歌邊慢慢找；有方向時，他就會端看走勢選擇多空。他最常看的是成交值排行（成交中心股、成交最大量的股票），這個排行可以幫助他在盤中時了解今天的錢往哪兒流進、往哪兒流出，一次看三十幾檔的上下表現，以利順勢跟著動作。

他也會看大盤走勢、強勢股排行、弱勢股排行。除外，他還會看很多指標作為操作評估。雖然我們也常常分享愛德恩看什麼，但因為他吸收的資訊非常多樣、看的指標也非常多，相對的，不見得適合一般人。這點其實是環境影響操作，愛德恩過往是外資下單的交易員，每天碰的都是進進出出的數字，這樣的方式對他來說已經是習以為常。但不魯過去的工作經常需要開會、出差，無法一直盯著盤，不魯在盤中操作時，一樣會先去看成交值排行榜，但他更著重在大盤的大錢重心主流族群，去找是否有不錯的標的，然後買下來擺著，不會一直高頻率地進進出出。

看盤不用看得太複雜，但凡大盤出現一個大方向時，比如大跌，就要去思考其中的原因。如果看到新聞或找到原因，也要再去想這個原因合理嗎？並且調整心態，讓自己無論盤勢長相如何都能保持開心的心情。

成值排行，找到錢的軌跡

為什麼我們看成值排行，而不看成量排行？

很多媒體都會秀成量排行前十名，也就是用買超賣超張數去排名的順序。但這時候問題就出現了，如果交易張數多、但股票價格低，其實是沒有意義的。成量排行常常都是低價股，但像大立光這類高價股怎樣也排不進前十。

但成交值就不一樣了，成交值就是成交量乘上股價，這數字可以看出市場的錢在哪邊。我們經常和大家分享一個概念：錢在哪兒，就往哪兒靠近，才有望追到趨勢上的產業。成交值就是這樣的指標。也就是說，相較於成交量，成交金額才是最重要的：**到底哪個題材最夯，重點不在於漲跌，而是要看它的成交金額。**

我們每天看到的新聞，很多都是事後諸葛，股價的漲跌來自於供需，只要有人買，買的人比賣的人多，股價就會往上；反之，賣的人比買的人多，股價就會往下。舉例來說：假設今天你賣巧克力，一個售價十元，總共十個。如果只有Ａ一個人跟你買，他一次就買十顆，價格自然會維持在原價位上不會動。但如果今天Ａ要跟你買，Ｂ也想買，後面還有一百個人等著買，你手中的十個巧克力價格一定會往上漲。

也就是說，需求變高，股價或商品價格自然會往上。供給與需求之間的關係，正是股價漲跌的原理。

成值排行並不是告訴我們錢多的地方就會漲，而是「這個東西它可以被賣很多錢」。進一步說明，你有買他有賣才叫成交；當你被賣，而且賣很多的時候，就會是錢最多的地方——錢會往外流到最多錢的地方，或是往內流到最多錢的地方。

那為什麼要看成交值？因為操作的時候需要知道市場上熱鬧的地方在哪裡（表示錢在那裡），邏輯上把錢往那放，勝率才會變高。

再舉一例：不魯跟愛德恩去市場買菜，有很多攤販在賣西瓜、小黃瓜、高麗菜、豆芽菜、豬肉、牛肉等等，但我們得決定要在哪一攤買。一般的正常人繞市場一圈就看得出，哪個攤販人最多、最熱鬧。假設今天賣高麗菜的那攤聚集超級多人，就表示可能很多人想搶高麗菜，跟豆芽菜、小黃瓜相比，高麗菜價格自然會比較高，這就是供需跟市場熱度的關係與狀態。

承上，不管是哪個地方，買車也好，買褲子、衣服都是這樣，熱鬧的地方、錢多的地方，就是市場商品價格會成交、比較熱絡或價格比較可能往上推的地方。同樣的原則跟邏輯放到股市來看也是成立的。所以**看成交值的原因，就是利用市場熱度來判斷錢會在哪裡**，因此才會說，錢在哪邊，就要把錢放到那邊去賺價差。

講完理論，來講一下實作。

該怎麼使用成交值排行榜？建議如下，看著成值排行的時候，就要知道今天的錢在哪些族群上。在一般概念上，成交金額最大的大多是權值股、法人在玩的股票，就是你在成值排行裡會看到的常客，諸如台積電、聯電、聯發科等，除了權值股外，時下題材最熱的族群也會出現榜上。如果這時候，你發現一個從未出現過的產業股票突冒出頭，這就代表可能有新的行情來了、錢來了。

至於為什麼突然爆大量，可以透過新聞找原因：是不是有營收？是不是有前景？是不是接下來有什麼故事？如果查詢的狀況都不錯的話，就別錯過這個機會。

如果你看到市場上有股票漲停，但是量很小也沒有成交值的時候，該不該追呢？我們的答案是「不要追」。

假設今天有一檔股票漲停，可是沒有成交量，只成交五張就被鎖漲停了，這樣的狀況就好比市場裡有個攤販，貼了一張公告說今天的蔬菜全數銷售一空，但其實他今天的全部商品只有兩根蔥，這樣沒有量卻被鎖漲停的情況，千萬不要靠近，因為他只是賣完兩根蔥，不代表真的有那行情跟價格。

因此，發現市場股票漲停時，還是要考慮有沒有價以及量，我們要知道這個行情是不是市場認同的，這個故事是不是市場知道的？這樣才不至於跌倒受傷。畢竟真心要玩一檔股票，進得去也要能出得來，這樣才安全，不是嗎？

雖然知道很多人愛看這種成交值極小、又超常漲停的股票（因為覺得好買也容易漲停），但確實要更小心，因為這樣的股票很容易變成特定人士炒作的工具。

這邊還是做個提醒，雖然我們分享了可以用成值排行去找股，或是用起漲模樣去找股，但這都只是投資判斷的一小部分。比如說，當你覺得某檔股票題材沒問題、線型也沒問題，你可以考慮去玩這檔股票，但並不是純粹只依照成值排行去做股票。同樣道理可推至其他參考指標。

小朋友團隊必看的排行榜

漲幅排行榜：可於盤中或收盤後觀察，找出今天「最強勢」的股票跟族群在哪裡，作為選股判斷。

成值排行榜：可以看出今天「錢成交最多」的股票跟族群。注意，買很多或賣很多才會讓成交「值」很大；看「量」根本沒有用，因為只會跑出一堆低價股。

原油價格，萬用的參考指標之一

另外分享一個非常好用的市場萬用先行指標——原油價格。為什麼原油是景氣、經濟的指標？請先回想一下，是否經常聽到：成本上漲、材料上漲、原物料上漲這些詞，其中的源頭就在於「原油上漲」。

目前，從原油裂解出來的產品可以超過十五萬項，比如說電腦螢幕、塑膠殼、鍵盤、手機等等，它是實實在在的材料最上游。因此，原油是很好的投資商品，也是決定投資方向的最佳參考指標。只是多數人都不知道原油價格跟投資市場有這樣絕對的關聯。如果原油的線圖方向始終沒有改變，代表景氣也始終沒有改變，所以，我們可以把原油說成是市場的先行指標。

以市場供需的原則來看，原物料上漲，就代表有很多人要買（市場經濟就是建構在這樣的供需原則上）。同理，當新聞出現某產業成本漲價，另一個產業成本也漲價的消息，其中彰顯的重點就是景氣不錯——**漲價永遠是市場最好賺錢的時機**。

也就是說，石油是投資市場的先行經濟指標，基本上所有的大宗物品、零組件等等的最上游都和它有關，而原油的價格是因為供需決定，因此是代表經濟的指標。以二〇〇八年金融風暴、二〇二〇年新冠肺炎疫情為例，大家可以去回測當時的數據資料，會發現其實原油比股市更早悄悄地先行反應了。

原油為工業之母，有了工業才會有商業，之前我們也在網路平台上說過，如果原油在季線之下就不參與投資，你此生根本不會參與到股災。

所以，想要判斷景氣好壞，與其看一大堆指標，何不先去看原油表現呢？大家可以跟著 OPEC（石油輸出國組織）消息以及數據前進，此生淪為輸家的機率也相對降低許多。

這時候或許有同學要問：「看到原油指標也不知道買什麼，怎麼辦？」當然是要勤做市場功課啦，真的再不會買，原油站上季線時就買大盤（如 0050），你會發現這樣的操作方式是相對會賺錢的。

原油價格真的是非常重要的經濟先行指標，它在生命線的上或下也決定未來市場的走勢。另外，「方向」也是投資時最重要的事，德國股神柯斯托蘭尼（André Kostolany）說過：「當你看準方向決定投資時，唯一需要做的事就是睡覺。」意思就是，知道市場方向後，選擇一個適合的時機點進場即可。有了明確的方向，遇到事情就不會自己瞎緊張，即使市場出現轉折，也會相對安心。

原油資訊這樣找

一般投資人不像券商有彭博資源搜尋股市資訊、原油價格，但是沒關係網路萬能，可以上網輸入關鍵字搜尋。如下圖，搜尋「紐約輕原油」就可以看到相關價格趨勢走向，基本的看法跟K線圖都是看漲跌、趨勢。

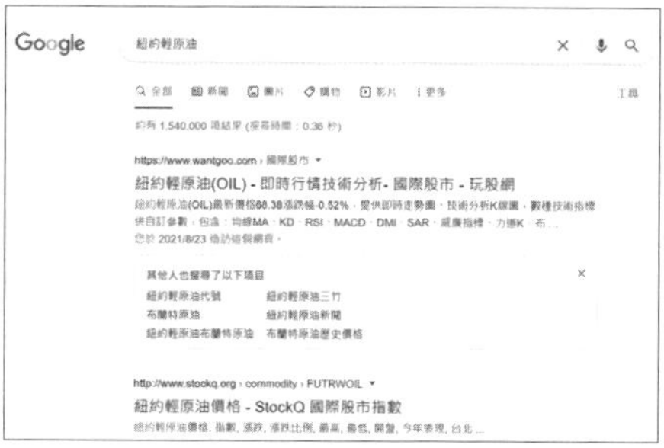

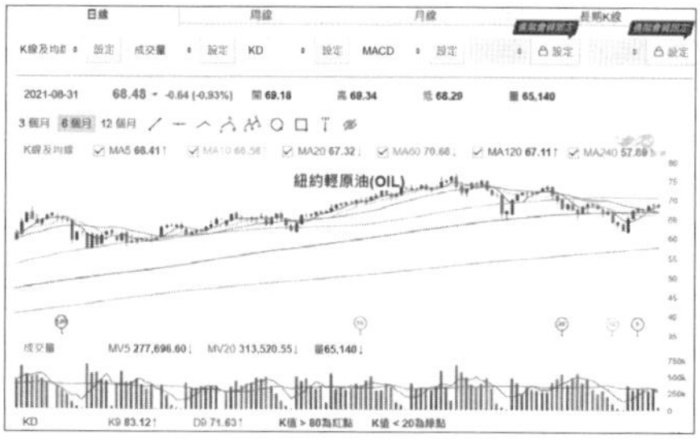

< 99+ 總結對話

看盤重點在於找出方向。透過出現在成值排行榜上的同族群股票，搭配新聞驗證，你也可以參與到浪頭。

看盤不用複雜，在出現方向性時評估原因，調整心態進場。生活中發現的趨勢，再輔以成值排行，就會跑出很多送分題。與其緊盯一大堆指標，不如簡單靠原油價格評估市場趨勢。

Aa

股市基本功②選股：看到什麼做什麼

進入股市的第二個基本功，就是「選股」了，而我們強調的心法為「看到什麼做什麼」。

很多人不懂產業、不知道這間公司在做什麼，也沒有學過技術分析，更沒有花時間去研究，就冒然把錢投入金融市場，這是很危險的事。強烈建議投資朋友一定要找到有基準、能產生共鳴的方式，除了比較不會心驚膽跳外，也不至於發生：今天漲了就覺得公司前景好棒棒，明天跌停就覺得公司要倒了——這樣沒有市場共識，只是你個人感覺的尷尬狀況。

資金有限時這樣做！

小資族到底該把所有資金拿去買個高價股，還是分散買幾張比較小、不那麼高價的股票呢？

如果是真正的小資族，我們建議**買進二十到一百元這區間的公司**會比較適合。概念如下：小公司比較容易長大，還是已經很大的公司容易長大？答案絕對是前者。

舉例來說，今天你想要讓一家雜貨店業績翻倍成長可以怎麼做？有個做法就是再開一間店。但你要統一的 7-Eleven 再成長一倍就相對困難，目前估算全台灣的 7-Eleven 可能有六千家，成長一倍就等於要再開六千間店，是不是困難許多？所以才會建議小資族不妨找個規模小點、股價沒那麼高、資本額沒那麼大的合適標的。

資金充裕時這樣做！

如果是有一定資金的投資人呢？

先跟大家分享彼得．林區（Peter Lynch）的名言「**我寧願用相對便宜的股價去買進一間卓越的公司，也絕對不用便宜的股價去買進一間平庸的公司。**」簡單來講，股價越高就代表這間公司越有競爭力；公司的體質越完善，市場給予的評價也就越高。所以如果你是有一定資金的投資人，或是已經不受口袋限制的投資人，這也是一個適合的目標。

但是也要提醒，如果你買進的是卓越的公司，而你本人卻缺乏投資基礎觀念的話，這又是危險的事了，一旦不幸虧損，其幅度很有可能是好幾個月薪水。

也因此，關於投資這件事情最重要的關鍵就是不要懶散，人都會有不擅長的東西，但沒關係，好好認清自己、好好學習，都是可以彌補的。

眼見為憑，證據會說話

我們不斷地重複：不要在一檔股票仍在下跌時參與進來，甚至在它還屢創近期新低時，想著要彌補之前錯過的行情而進場。而是需要等它整理完，重新開始有量有價、型態改變、站回線上時，再來看它的故事還在不在，或是這檔股票有比之前更強勁的表現，再來參與其中。對於我們來說，**一定要看到基本面、技術面的證據之後，才會選擇離場或進場。而最優先的證據就是價與量。**

以不魯來說，他在挑選股票時，除了每天做功課外，還會先去看基本面（例如營收強勁）是否為市場共識，再看線圖。若線圖表現不佳，他就不會考慮該檔股票。對不魯而言，他不搶反彈，但會選擇多頭排列是自己喜歡樣貌的股票，籌碼面則不是他的重點。至於上不上車，他也會看當下的大盤表現而決定。

我們並沒有設定要賺多少錢的年目標、月目標，因為我們始終認為沒人知道市場行情會走多遠、走去哪。**我們反而是希望自己持續做對的事、持續有紀律的操作、用簡單的方式找到好標的，該下車的時候下車、該上車的時候上車，並且重複地去做像這樣「對」的事而已。**做股票的招式不用多，而是簡單的事情重複做，投資這件事情不是只限定於厲害的人，而是「大家都可以做得到」，每天都能快樂地耕耘。

鼓勵大家尋找到適合自己的投資方式。所謂的「適合方式」沒有固定的標準，有些人認為一個月是短線，有的人認為一年是短線，要如何操作端看你對自己的認識，找出適合自己的做法、持續做，才是最適當的。

多數人對於買賣股票的心態，不外乎希望每年能穩定獲利二十％；進股市不久後，目標就改成希望每個月獲利十％，希望每天賺五％……然後變成爛賭鬼（這種人也最常變成輸家）。這些人都犯了邏輯上的錯誤：從

「年獲利二十％」到「月獲利十％」，反推回去，等於是每年原本二十％的年獲利，變成一百二十％，整整高出六倍而不自覺。這樣在無形中的無限上綱，不僅操作難度大提升，也給自己極大程度的壓力。

別忘了，**投資是要快樂的**。小朋友團隊的中心思想之一——「看到什麼做什麼」，就像當大家聽到美國公債殖利率上升的狀況，聽了整整一週，便覺得「公債殖利率要上升了，所以股市會跌」，就將手上的持股賣掉，沒想到股市反而飆漲。這就是你沒有看到什麼卻做什麼，因為在擔心一個你沒有看到的「如果」而做了動作。

也就是說，應該要看到股市真的轉弱，再來調整手上持股，在這之前其實可以不用擔心這麼多。我們買進股票的原則就是「**買進一檔我們看到並認可的好公司，因為之後的行情好而賺錢，而不是因為知道行情會好而買進這檔股票。**」

散戶的優勢

多數人在投資時很容易陷入「被害妄想」的狀態，這裡要跟大家說，散戶的優勢就在於「進出容易」，哪怕你在市場放了幾個億，你也很容易轉身，為什麼要學法人幾千億卡在市場裡動彈不得的做法，跟法人一樣擔心他們擔心的事呢？

新聞的預期、法人的預期、專家的預期……都可以當作參考，但股價才是最終答案。也因此，我們給一般投資者的建議會是「簡單做、重複做、看到什麼做什麼」，這麼一來，你的投資才會更順利、更容易也更開心。如果真的怕、真的覺得這件事很嚴重，那就把這檔股票賣掉吧。總之，開心做投資。

99+ 總結對話

所有股票進出邏輯都一樣，點到該閃就閃，不用因為複雜的利空利多而擔心，要快樂操作。

看到什麼做什麼，不要猜測，單純快樂做股票。

避免成為爛賭鬼，夢想無限上綱的目標，造成投資難度增加。

Aa

股市基本功③停損：股市的唯一聖盃

進入股市的第三個基本功便是「停損」了，偏偏許多人從未想過這件事，發現虧損時，不是想硬拗，就是慌慌張張地離開，這些都不是合適的做法。來分享我們三人曾經的慘賠傷心事，一直到對「停損」的領悟。現在或許可當作趣事一樁，但在那時候也是心如刀割啊。

不一樣的賠，一樣的苦

愛德恩剛嘗試操作時，手上的資金不多（大約是五十萬的本金），辛苦兩年才累積到四百萬。也因為錢不多，他利用權證做投資操作，但因為不懂就聽信消息面、跟明牌、跟法人圈的內線，聽說當年十一月、十二月的營收軌道會很好，尤其是隔年第一季，便買了某檔股票權證[2]，押下四百萬等待下個月的營收。

但那時他沒有注意到的是，因為權證有時間價值，在等待過程中，他的錢也一點一點地不見，營收開出來時，數字也沒有像他期待般地上去。他就這樣蠢蠢傻傻地等，等到四百萬變成兩百萬，人也食不下嚥，體重掉了快十公斤。後來他的錢被時間價值吃掉剩五十幾萬，愛德恩在快破產時興起要停下來的想法。這次的經驗，讓他學會停損的重要性。

2 權證是「未來可以用特定價格買賣股票的憑證」。買賣權證與買賣股票的差異，在於權證有時間（到期日）、約定價格（履約價）的特性。一檔權證的資訊包含「標的」、「認售或認購」、「履約價」、「行使比例」、「到期日」。權證價值＝時間價值＋內含價值。權證的時間價值，其每日遞減的幅度並非一個固定值，但一般而言，越接近到期日，其時間價值遞減速度就會越快。

凱瑞的經驗就和不魯有關。因為不魯跟他說：「都賺了這麼多，了不起輸一點回去。」凱瑞覺得有道理，便問不魯該買什麼，不魯推薦了股票標的以及「股票期貨」，那時凱瑞才開始玩股期。

當時凱瑞放了一筆錢進去股期，他心想「就算輸，頂多也是把贏的錢吐回去」。但三天後，營業員來電提醒：「凱先生，你要注意一下股期帳戶喔，你買的那間公司可能要慎重考慮。」但那時凱瑞已經在賠錢了，心情自然不美麗，加上又是上班時間，便回營業員：「我在開會，那檔股票我會抱著，你不用管。」就把電話掛上了。再下一次營業員的來電，就告訴凱瑞他被強制停倉了。也是這次的經驗，凱瑞才明白股期是七倍槓桿，這檔股票兩天跌十八%，最後凱瑞戶頭只剩兩萬六千多元。而那檔股票之後被腰斬、腰斬、再腰斬，幸好他有被停損。雖然是被停損，但他也從中學到了停損的重要。

不魯的慘痛經驗要從「當沖」講起。他在剛接觸當沖，有過贏一、兩次的經驗後，就覺得這樣獲利真不錯，甚至錢不夠也可以無本當沖——即使只有一百萬的資金，也可以買超過這數字的股票，只要他當天賣掉補足帳戶差價就沒問題。

不魯迷上當沖後，想著當沖不用本錢可以賺退佣。卻遇到一檔股票在當天下跌時，沒能立即執行停損，除了一天輸三～五％外，在尾盤砍掉股票時更痛苦，而且買當沖的時候，即使手上的持股價格不動，零點八％的交易成本就先存在（證交稅加手續費）。大家不要小看這零點八％的成本，如果交易筆數多，金額一旦放大，也是相當可觀的數字。

這樣的惡性循環讓不魯賠到感覺人生沒有希望，決定不再胡亂當沖。也體認到當沖可以停損的時間比一般交易短，需要更精準的停損點。市場一旦反轉，手中股票多幾支下跌，就會無法停損，除了帳面很可怕外，若有開槓桿會再更驚人……這些都讓他體悟到停損的重要。

慘賠過才懂得該止血

以上便是改變我們三人想法的關鍵事件。**在累積資產的過程中，賠錢是個絕對因素，沒有人可以不賠錢就增加資產**，所以更要認清這個事實、接受「賠錢」，重點是做好停損讓獲利可以曲線上升。當沖賺的不是股票的本質跟價值，而是股票當天的波動跟情緒；要做當沖的人，一定要控制好賺賠比。說到底，股市聖盃不是什麼厲害的祕訣，就是「停損」而已，**停損是獲利的必然之路**。

至於，要怎麼停損？獲利時要怎麼賣？不管是停損或停利，建議你要找到市場共識，就是你看得到、我也看到的同一個東西。舉例來說，每家券商都有「主力買賣超」這項目，但其實它是沒有市場共識的，因為每家券商系統會產生出不同數字。具有市場共識的，應該是像「每日外資買賣超」這類不分元大、富邦或其他券商的數字，因為都會是一樣的。

我們也推薦使用「技術分析」來停損或停利，因為你看到的均線、指標跟我看到的都是一樣的。市場是有共識的，不會被太多的個人主觀意見給影響。

停損、停利，都有心法可依據

在股票市場待越久，你會發現不管自己怎樣厲害，總有人比你更厲害，然後就會越來越不驕傲，沒有什麼事能讓你不開心，因為每天都會開盤，每天都有機會。也因此，好的時候不驕傲，壞的時候不氣餒，在進入市場時，調整好心態才是最重要的。

我們一直在強調「停損停利點」的重要，但停損停利有心法可言嗎？

不管是停損或停利，都是在賣股票；說得更簡單點，只要是破線我們就會停損。舉例**最基本的停損方式：強勢股破五日線就砍，產業趨勢股破二十日線就砍。**

至於**停利，評估的第一要點是「動能」（股票漲的幅度、速度以及量的表現），第二是「機會成本」**。所謂的機會成本，就是拿兩支股票做比較——手上持有Ａ、Ｂ兩支同產業的個股，雖然兩支都處在上漲的趨勢，但Ａ漲得比較快，考量機會成本後，我們就會將Ｂ砍掉。此時的Ｂ就是停利，再將錢放到漲的幅度或速度相對動能好的Ａ。

另一種停利就是，如果你想要抱且選擇靠近季線買，那就在那一季賣，以季為單位，比如：下一季的最後一天或下下季的最後一天，用季度選擇賣點。簡單講，當你相信一間公司，你又是中期的投資者或是可以抱更久的人，就給這間公司一個季度的表現。

還有一種也很常遇到的狀況：買進一檔股票當天就套牢了，也發現它跑不太動，但眼前還有其他標的有向上表現，這時候要停損，換到那檔有行情表現的股票嗎？

我們認為得看你的操作週期，以及你心裡的舒服程度而定。如果你的操作週期偏短，而且覺得很不舒服，就砍掉去換；如果你的操作週期是長的，就給這檔股票多點的時間，設個時間點，如果在這之前都跑不動就換掉。如果換掉後又被套還屢試不爽的話，你就要省思是不是自己選股出了問題，重新調整後再出發吧。

但，即便如此，相信還是很多人不知道出場的時機點。舉一個生活上的小例子幫助大家理解：你看到路上很多家夾娃娃機店，你也投入其中，一開始賺很多當然沒有問題，但慢慢地發現這個月賺的比上個月少，下個月又少一些，這時是不是就會開始考慮出場了？又或者，你才進場做這門生意就賠錢，是不是也會考慮出場。同樣道理，在股市套牢也是一樣，不要想著一堆「如果」：如果之後漲了、如果有其他營收認列、如果是黑K……想得太複雜只會打亂自己的腳步。你要懂得「捨得」，不管是停損或停利，都需要學會捨得。

其實沒有所謂正確的停損停利點，而是要了解自己，保持心態的健康、同時「捨得」把錢拿出來，放到下一個地方。

99+ 總結對話

愛德恩：停損是投資的必經之路。這世上沒有正確的停損停利點，依造自己屬性抓適合自己的才是正解。

不魯：「停損」是股市的唯一聖盃。操作前想好停損，是成為贏家的必經之路。但無論停損或停利，都要懂得「捨得」、嚴守紀律。

凱瑞：沒有當年的兩萬六就不會有今天的我，大家要明白「停損」是為了活下去。

投資日常的二不要

除了順著市場的毛摸，開心做股票外，我們一直跟大家強調「自己已經看到的行情」、「不要輕易接刀」、「新手不要輕易做空市場」。如果你想成為全職交易者？我們的建議是，嗯！請三思而後行。

不要接刀

股價下跌、便宜的時候，人人都會想去撿，只是很多人分不清楚自己這時候是在「接刀」還是「搶反彈」。這邊要跟大家分享一個觀念——多數的金融商品都是一樣的（包含股票），甚至可以說，只要是畫得出「線圖」，道理都是一樣的。

首先，**不要去搶剛破線（五日線、十日線，甚至是月線）的股票，你並不曉得它何時會到底**，像這類向下走、感覺還沒止跌的股票，千萬不要覺得便宜或之前沒買到、沒賺到而去接，這樣就是所謂的「接刀」。也不要去猜低，因為沒有人會知道低點在哪。

但如果是站上五日線、十日線，甚至往季線靠攏，這類整理完可以找到一個明確、長線的支撐，相對安全一些，你要玩再去玩。這就如同在夜市擺攤，市場裡有賣電子雞、雞蛋糕、襪子等等各種店家，假設襪子從原本一雙賣二十元，一路降價到五元，你絕不會選在這時候進去做賣襪子的生意，而是持續觀望到它賣價漲回十元、十五元才會考慮進場。也比如說國巨這檔股票，如果你在二〇一八年接下這一刀，傷口要等三年才能復原，不如等現在整理一大段時間，重新站回生命線，這樣買起來不是會比較舒服嗎？為什麼要去接刀呢？就算你想搶反彈，但也要搶得心安理得或是有個基準，知道自己到底在做什麼。

台股跟國際股市其實大同小異，股票與其他金融商品也一樣。比如說買美金，當一美元可換台幣二十九元的時候，你覺得便宜就接下去，沒有考慮現在全世界都在印鈔票，美元要怎麼向上？接著你就會看到一美元變二十八台幣、二十七台幣，這就是在接刀；原油也是這樣的道理。

只要方向趨勢沒有變，我們都不會亂接刀。而且接到不好的刀，一旦有虧損就會影響到接下來的操作，你可能會因為心情不好、怕賠，手上持股賺一點點就賣掉了，賠的部位卻繼續放著，形成小賠、小賺、大賠的循環，也就別想賺到大錢。

接刀錯誤是技術面的錯誤，但也會造成心理負擔。這些都是對操作者沒有幫助的行為。

不要做空

如何成為股市贏家？這邊有兩個選擇：①行情好就做多，行情不好就做空；②行情好做多大賺一波，行情不好就休息。

大部分的人應該會選①，因為很多人都覺得「股市不是多就是空，要成為贏家當然是多、空都做。你都教我投資了，就要連空一起教啊！」然而，這條路並不適合一般的上班族，你可能花了十倍以上的努力，卻連一成的回報也得不到。為何這樣說？因為做空本來就比較難賺——做多是沒有上限的，但做空是要把這檔股票空到下市嗎？況且股票也不是跌停、跌停，就直接下市的。

然而很多散戶喜歡做空市場，但其實股市裡沒有絕對的聖盃，也就是說股市永遠沒有所謂的基準可以判斷現在是高或低，多數人都是用「眼睛」去看——現在漲高了，放空比較安全；現在跌深了，做多比較安全。

我們自己也很不能理解「為什麼看到股票很強就要去空它」這件事，或許是多數人無法忍受「不操作」吧？

這樣的狀況可以用「爛賭鬼」來形容，我們每個人都經歷過這段時期。以前還在上班時，會很不爽主管在九點[3]時找人開會，或是九點到九點半的時候一邊看公事一邊看股市，但實際上處理公事的時間可能只有十分鐘。不魯跟凱瑞也在這一個時期認為一定要學會「做空」，才代表搞懂市場脈絡、才能成為贏家的這段路。但，我們必須告訴大家，做空不只是難，還「超級痛苦」！真的是極度考驗耐性的事。原因在於，人性都喜歡做多。這也呼應我們強調的觀念：投資一定要往人多的地方去。

回過頭來，為什麼做多的人比較多呢？除了公司派的人，因為有擴產、採購、銀行貸款讓公司資金更充裕，甚至發行可轉換公司債等的需求，這中間也透過股價來計算實際擷取的金額。也就是說，股價越高，跟銀行談判就可以得到更充裕的資金，因此，公司派的心態是「愛做多」。而做空的時候，除了在心理層面股價會很折磨外，也得不到大家正面的反饋，過程中，公司本身也會出現認為市場都隨便放空自家股價，轉而放出更多利空的事。

做空除了難在做波段單非常煎熬，可能會出現沒事就拉一根起來的狀況外，你要做空一檔股票，股票下跌有時候還可能會借不到券，若你剛好資金充足，放空多一點，馬上就又會被公司鎖定。以法人而言，可能就會遇到公司指名道姓不准你參加法說會的狀況。

回過頭看放空這件事，其實等同於往人煙稀少的地方走。換句話說就

3 台股早上九點開盤，下午一點半收盤。

代表你在空的標的，是一個國家經濟體（加權指數）或一家公司，你等於是在跟政府或公司作對，就像你會烙十個兄弟跟三百個人打架嗎？做空不是不能大賺，雖然大家都有在市場向上時做多、向下時做空的認知，但真實的市場很多時候是沒有方向的。

別忘了，市場不是只有空或只有多兩種走勢，還有多頭修正、空頭反彈等。我們都不是神人，因此鼓勵大家所有事情都盡可能地往好的方面想，也就是說，你可以簡單想成只有多或是多頭修正這兩件事，勝率也大幅提高，投資績效也會大幅提升。

就經驗來看，績效通常停留在一個點上，是因為每天都很苦惱「這個下跌是因為要轉空了嗎？」、「我要空嗎？」、「這會是假跌破嗎？」但這樣就太複雜了，不如把事情簡單化。這不代表我們不認同做空，而是建議投資朋友等待進入投資成熟期再來嘗試空多並行，但若還在新手期，建議你先把該做的功課做好。

99+ 總結對話

只要趨勢不變，我們都不會亂接刀。做空不是成為贏家的必要因素，你也可以只做多而成為贏家。

Aa

拆解投資市場的都市傳說

建議大家在掏錢進市場前，先搞清楚投資的因與果。

什麼是投資市場的因果關係呢？這句話回應了很多人「怎麼每次下定決心買了股票就買在高點？」、「為什麼逢低承接就一直跌？」的疑問，其中原因在於多數人沒有搞清楚投資因果關係的循環。

投資的因果關係

曾有一個新聞標題「蘋果印度熱賣」，這幾字代表的就是所謂的「果」——已經賣出去了。仔細想想，那些賣蘋果手機的錢是進到誰的口袋？答案是蘋果公司。但很多人看到這新聞就跑去買蘋果供應鏈，理所當然地會被套牢在波段的高點。

進一步來想想中間犯了什麼錯——將不相干的兩個人扯在一起，而導果為因。

東西賣得好，賺錢的是蘋果公司，不是台廠的供應鏈。換個角度來說，蘋果手機銷量好是一回事，但手機早在賣得好之前這些產品就被製造完成了，也就是說，在這些手機訂單完成前，相關台廠就已經收到蘋果公司的錢了。偏偏新聞一出來，就有人會想：既然手機熱賣，就代表需要更多的貨，需要更多的零組件……但這些都是供應鏈本的台廠一直在做的事。這個新聞沒有讓這些台廠出現本質上的改變，他們還是處在一樣的狀況，或許會有助營收表現，但上行仍有限。

還有很多人也喜歡「逢低加碼」、「越跌越買」？在我們看來，這也是犯了因果關係上的錯誤。例如，看到某外資產業報告說A要有爆發性產品上市，如果預計隔年第一季上市，今年第四季就會開始出貨，也就代表如果台廠的相關供應鏈有接到訂單，股價會有所表現。但是很多人只接收到「一定接到訂單」的訊息，而忽略「如果有接到訂單」這件事，看到相關台廠供應鏈低檔就買進，然後就被套牢。

這中間的問題出在，因果關係中的「因」雖然出來了，但「結果」還沒發生。事實上，相關台廠可能根本就沒接到訂單，股價自然不會向上長，便發生市場上很常看到「越跌越買、越套越深」的狀況。

釐清「因果關係」後，就可以知道其中有個重點——是否實現。從上面例子來看，當我們看到某外資的產業報告，裡面提到明確的時間點，但其實這時候的我們還在所謂的「因」中，如果哪天這個「因」被實現了，就會變成投資上非常重要的轉捩點。也就是說，「誰有接到訂單」在今年第四季是看得出來的，而這就會是是否進場的重要判斷指標。

多數人最常犯的錯就是，太早相信「因」，過晚相信「果」，在不對的時間做不對的動作。無論是只看到因就動作或是看到果才後知後覺，都不是好事。**學投資需要去找國際上的熱門趨勢、是否真的與國際大廠合作，不要做任何不確定的事。**

短線還是長線？

每個人進入市場的初衷都是為了賺錢，而不是要抱著股票相守一輩子。以小朋友團隊來說在股市裡就是賺價差，但這樣是短還是長？兩者的差異在哪裡？怎麼做會比較好呢？

先來定義短線與長線吧！前面強調過，每個人心中的短線跟長線都不一樣。以愛德恩來說，他的操作週期偏短的，因為他擅長的是當沖、隔日沖，一週對他來說已經是長線了。但是不魯呢，他個人認知的長線是一個月（有些人的長線甚至可以到十年、二十年）。因為每個人的資金運用效率的程度不一樣，對於長短線的定義也不盡相同。

但是，我們也相信很多人都經歷過這段：大家都說短線好賺，但是自己做了之後卻一直受傷，就開始想是不是改做長線比較好？結果做了長線又要覺得抱著很痛苦（這就是我們一開始講的，處在階段②分析狂熱期：仍在尋找答案的時期）。

對我們來說，長線與短線之間沒有差別。因為不論長短，我們都是選擇公司成長有數字、有題材的標的。也就是說，**不論長線或短線，小朋友團隊都是選擇好的公司，而不是市場上一堆人推的低價股、純炒作的個**

股。操作長短線的原則，要看市場狀況，動態調整手上的持股。

若要區分長短線，以我們的操作來說，短線的篩選標的會比較鬆，有些動能足夠但基本面欠佳的股票，也會是我們短線操作的標的。反之，長線的選擇標的，因為會有段時間得跟股票耗著，也因此條件選擇上會比短線更嚴格一些。

舉例來說，短線操作就像租房，可以符合目前的需求就沒問題了，而長線操作就像要買房，你會相對嚴格考慮地段、格局、學區、整體環境等等的條件。

說得再簡單一點，短線著重於動能表現，長線則是更看重整體基本面表現。

至於在操作的心態上，**操作短線一定要禁得住股價的上下波動、進出成本（摩擦成本），長線就要考量機會成本，以及股價整理的時間。**我們現在也體會到，資產規模小的時候做短線，因為高效率、高動能，資產翻倍的速度比較快，但當資產規模大到一個程度時，若想要資產規模再往上走，就得要做長線的操作。因為有些短線進出的標的會變少，更甚至是在你的資金到達一定水位後，就會想要改變自己的生活風格。這也是心態上的不一樣。

在操作實務上，除了看「生命線[4]」，更要問自己能否分辨一間公司的本質、是否走在趨勢上。建議你，**若是長線操作，評估完一間公司後，可以依照季線做進出場的參考，如果是短線，大盤強時用十日線當指標、大盤差時就用五日線當進出指標。**

槓桿交易可行嗎？

很多人乍聽到「槓桿」就覺得風險很大、很可怕，但槓桿不對嗎？我們其實是認同槓桿的。甚至，就不魯跟愛德恩來說，他們的第一桶金都是透過槓桿交易來的。

為什麼我們沒有覺得槓桿不好？大家又是為了什麼會覺得槓桿有風險？原因是多數人都搞錯重點了——風險不是槓桿，而是你不知道自己在幹麼。也就是說，**風險不是來自你用了槓桿，而是你使用槓桿後對於停損的控制。風險不是因為股價的高低，而是你的停損策略沒有抓好、不知道自己的進出買賣點。**

---

4 生命線：季線（60MA），俗稱股票生命線。

槓桿只是輔助工具，不是風險的來源。

舉不魯的操作為例，因為槓桿大，他的進出點相對設得更嚴格。他絕對不會去拗，只要設定的賠點一到，就是賣出。其實在每個人的日常生活也常常使用到槓桿，比如說貸款買房，你只繳了頭期款就買下兩千萬的房子，卻不會有人覺得危險；或是花十萬車貸買下價值兩百萬的車、去夜市投十元硬幣夾三百元的娃娃、花五十元買彩券想賭兩億樂透，這些都是槓桿操作。

很多人只因為聽到不好的例子就對股市的槓桿存有偏見，但歸咎責任，都是出在操作時的紀律出了問題，特別是控制風險與停損。

不論是投資或生活，大家都很容易有先入為主的偏見，小朋友團隊鼓勵大家，在真正了解之前先放下偏見，靠近並且學習與認識之後，再做判斷。善用不同的工具與武器，在投資市場裡才會有更多的做法，視野也會更為開闊。

說到槓桿，不免要提到其他槓桿的金融商品，雖然我們自己也曾經玩權證，但並不推薦大家使用這樣的金融商品。主要原因有三：①流動性小；②券商會調隱含波動率；③權證跟股票不一樣，權證是以券商為莊家，單是券商掛出來的。雖然權證的槓桿比較大，但也容易被券商吃豆腐，因此並不建議。

是否要使用槓桿，其實全看個人的心態。比方說，把一個人的資產分成三部分，一部分放在房產上、一部分用來生活、一部分玩股票，拿玩股票的這三分之一用槓桿操作，既不會影響到生活，還可以很舒服且客觀地控制停損，這樣在執行與使用槓桿操作的時候也不會變得失心瘋。

但如果使用槓桿的心態是想「拚一把」的話，那就有可能會很慘，因為這種心態在投資失利時特別容易放不掉、砍不下去、無法停損而造成更大的損失。

槓桿只是輔助你增加績效的工具，而非幫助你一步登天的選擇。如果你要選擇具槓桿特性的商品，如權證、期貨，就要了解這類商品的特性，盡量避免自己被吃豆腐，也要謹慎了解自己的曝險程度。

99+ 總結對話
每個人的長線與短線不一樣，端看個人資金運用效率而定。 使用槓桿要量力而為。
Aa

「尊重」就是順著市場的毛摸

很多人都有創業夢，卻沒有事先想好經營計畫、實體店面周邊的需求、個人強項或競爭對手的優勢，就貿然砸錢。從這樣的例子衍生，我們發現很多人會去做「想做的事」、「覺得應該做的事」，卻不去思考市場的需求到底是什麼、自己要做什麼才能在市場中取得希望的利益；簡單來說，就是沒有客觀分析市場的狀況，覺得自己比較厲害或覺得自己一定能成功，最後忽略掉市場的胃口、喜好、需求。

愛德恩與不魯剛開始推股票給客戶的時候，都覺得自己推薦的最好、對方一定要聽、買了一定會漲，可是被市場打臉很多次之後便開始沮喪。

也是在那時候，愛德恩學會要順著毛摸——客戶喜歡什麼產業、看哪類型的股票，從客戶的需求出發再思考。也就是說，以「做什麼事，客戶會喜歡」為出發點，而不是「自己想為客戶做什麼」。

你要先避免主觀意識，保持客觀地考量「客戶需要什麼」、「市場需要什麼」。這個概念放到投資市場裡，當你看到今天的新聞標題大大地寫著「陽明第一季挑戰七元」，想都沒想就主觀地丟進場，後來才發現自己是逆著市場對幹，可能今天就吃下一根跌停。很多散戶都會有這種「我覺得這支股票很好呀」的想法，然後在中間吃虧；其中的問題就在於，沒有注意到市場現在的共識、沒有尊重市場現在的形狀、錢流、需求。

投資有很多種流派，但小朋友團隊永遠強調「尊重市場的長相」。我們無法像其他厲害的老師、投顧、名人般預測未來（未來兩週或一個月的走勢），但我們可以在大跌的時候全身而退，並且在下一波大漲時全力參與——這是小朋友團隊的優勢，也是我們保持客觀的結果與原因。

只是多數人在聽到「接下來會很好」、「未來兩週走勢如何」後還能保持客觀的心態，因為一旦陷入預測，就會開始主觀，開始對自己的持股萌生各種想法——好像可以再放一下；還沒跌太多啊；可能還有機會……相對而言，我們在看到股票狀況好時也會覺得很好、很不錯，但如果發現「狀況好」的股票開始反轉，第一時間就會直接砍掉。

回過頭來說，投資就跟生活一樣。想要創業前，是否要考慮市場有沒有需求，如果有，就要再想該怎麼做才會跟市場現有的不一樣。職場上也是，不管是對客戶或對上司，你都要去想眼前要服務的對象，他的需求是什麼，而不是一味地想給對方什麼。套用行銷界很常講的「換位思考」，你需要知道你服務目標的需求在哪。

再回到投資市場裡，也要保持「客觀」的心態，放下「這股票明明就……」的起手式，去看「市場在告訴你什麼」，金流是騙不了人的。

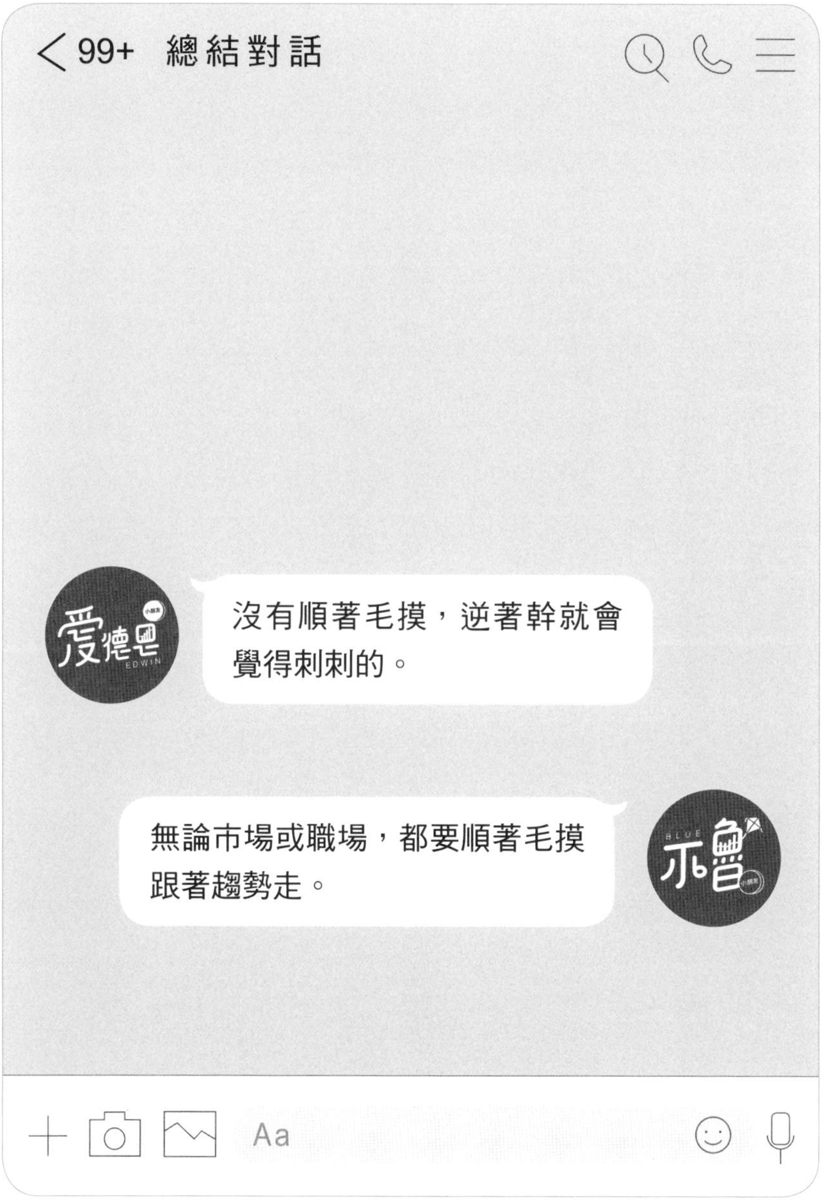
99+ 總結對話
愛德恩
EDWIN
沒有順著毛摸，逆著幹就會覺得刺刺的。
無論市場或職場，都要順著毛摸跟著趨勢走。
BLUE
不魯
Aa

為何預測常常不準？

市場上常常會有各式各樣的「消息」，例如某公司發出明年第一季要推出新產品的消息，然後就會開始出現許多相關預測。這些預測的成功機率大約只有一半，有更多是不準確的情況，這中間到底發生什麼事？小韭菜該用何心態面對呢？

就以中鋼為例來說明原因吧！

二〇二一年，中鋼原本排定九月、十一月時熱渣廠要歲修[5]，因為歲修期間沒有產能，所以很多人就預測鋼鐵在九月、十一月時勢必會缺貨，也就是教科書上教的——需求維持、供給下降，所以就會缺貨。缺貨之後，鋼鐵價格就會上漲，券商也會調升目標價。

沒想到，結果事與願違，這年鋼鐵行情極佳，中鋼便將歲修時程延到隔年四月。說得白話一點就是：現在行情這麼好，我幹麼睡覺三個月不賺錢？沒有人會這樣，中鋼也不會。

仔細想想，在中鋼還沒公布歲修延遲的消息前，「預期九月、十一月鋼鐵會缺貨、漲價」這件事是絕對的嗎？

---

5 歲修：工廠的機械無法每天不間斷地運作，因為機器本身會損耗，必須維修、所以需要定期將機器徹底停下去做更仔細的檢查，以防產線因機器發生爆炸、火災等更大的損失。

世事沒有絕對，商業世界更沒有

每個人努力上班都是為了賺錢，而人性總是會去選擇相對容易的賺錢方式，過程中更是不斷地微調，這也就是為什麼綜觀全世界的商業行為，你會發現「預測」這件事常常失準，供需平衡完全與預期呈現相反走勢的原因。

這邊也要提醒各位，所謂的「公司基本面」絕對不是你從教科書上學的財務面、本益比這些，還要跳脫這些思路。請注意，股票的波動是一種商業原理，而商業原理跟大家過往所學不同的最大原因在於「商業沒有SOP」。

商業真的沒有SOP嗎？這樣說好了，在企業實務裡有SOP的特定部門包含了製造部、管理部、財務部。製造部：以製造車子來說，要生產一輛車，組裝過程有一定的 SOP；管理部：公司規章、不能違反的條例、必須遵守的條款有一定的 SOP；財務部：營收進帳後，要進系統算出淨利也有一套的 SOP。相對地，業務部門比較沒有 SOP。而真正的基本面也跟業務有絕對直接的相關性[6]。

如果你是個業務應該就會很清楚，招待客戶吃好料、晚上又陪著唱歌喝酒，這筆訂單一定會成交嗎？答案是不一定的。這箇中原因就是在於拉業務這件事沒有 SOP。

股價波動也是類似的原理，中間過程總是會參雜很多的狀況與事件。也因此，如果投資人始終朝向數字或財務方面去思考投資這件事，就會有

6 股市分析主要分為基本面分析、技術面分析、籌碼面分析，基本面分析的「基本面」為：銷貨數量、原料成本、商品售價、經濟景氣、產業供需等等影響公司獲利的全部因素；技術面則是運用股價關係做個股與趨勢分析，如K線圖；籌碼面指的是：三大法人買賣超、外資買賣超等市場股票買賣張數、金額等。而基本面分析因為與業務工作關注的有所重疊，因而有一定程度的相關性。

很大的機率碰壁，因為投資與經營公司絕對不是用 SOP 去涵蓋的。

回到前述中鋼的例子，投資人或許可以耐心思考「中鋼不歲修的原因是什麼：市況超好、需求爆發」。投資人應該要抓的關鍵字，是這些因應事件、市場的背後狀況，來看商業經營下的邏輯合理性來做判斷，而不是抓著法人的報告，單純地照本宣科預測「因為每年都會歲修，今年中鋼在九、十一月歲修，所以會缺貨、會有漲價行情」等等的這一套。

與其猜測，不如尋找真實力

說到法人，金融圈的人又為何要預測？前面說的是一般企業會發生的狀況，但金融圈的角色是去拜訪這些公司、了解公司的接單狀況、接下來可能的獲利趨勢，或者是毛利率、營收的成長會怎麼走。但因為「預測」

這件事就是沒有人會知道，因此也只能抓個大概。

以蘋概股（蘋果相關概念股）為例，近年來蘋概股已成為台股電子類股很大的族群，在中間有許多蘋果相關供應鏈的台股標的，因此，市場中「看供應鏈出貨量來預測蘋果新機今年的銷量」也是常見的話題。但事實上將這些預測拿去回測後，多數都是不準的，這又是為什麼呢？因為實際狀況未必如同金融圈、公司端預測的樣貌。

就說說大立光吧，iPhone占了大立光六至七成的營收比重，無庸置疑它就是蘋概股的主要大股票。觀察大立光的走勢，就會知道今年的手機賣得好不好，通常在第一、二季的時候市場也會瘋狂預測：六到八月大立光拉多少貨，大概就可以知道九月要出多少手機，然而這樣的假設，起於蘋果給的預測——蘋果決定今年要出多少手機，將單出給供應鏈做開始。獲知消息後，分析師就會依這些供應鏈接單狀況開始去推測。

iPhone 新機一般都是在每年的九月中上市，法人會在每年的九月分析相關供應鏈個股出貨狀況（是否加單或減單），隔年第一季就要評估下一支新 iPhone 的狀況，但這樣的行為等同於神仙在做的事。過程中，可能會因為分析人員認為前一支 iPhone 手機賣得很好，所以推斷下一代 iPhone 的銷售表現會被連帶影響，因此你就會看到蘋概股在該年第一季狂跌。

但手機賣得好不好得等開賣後才知道，在這之前，不管公司或法人對於數字的預測都只是假設。當產品上市後，新聞媒體開始報導 iPhone 大缺貨，市場上很多人看到這樣的消息就一窩蜂地認為是「iPhone 賣太好，所以才缺貨」。但，探討 iPhone 缺貨的原因，卻不見得是因為銷量好，也有可能是當初生產的量本來就是不夠，或是缺少相關零件等因素。這是「供需」裡的「供」，那麼「需」呢？

來看看不魯的經驗吧！不魯最近換了新 iPhone，但他並不是在 iPhone 剛上市時就搶先購入，即便看了網路上的許多開箱文，他都無感，而是某天舊手機被摔爛了才被迫換新機。多數人在買東西的時候都會考量是否有更換的必要、什麼才是現在最需要的東西，因此即使廣告行銷做得再鋪天蓋地，還是要回過頭來聚焦在自己身上——看到新產品發表完勝舊產品的強大功能時，有讓你想衝動購入嗎？

如果沒有，或許就該好好地考慮、觀察。

必須澄清一下，我們認同分析師的工作很辛苦，因為必須處理非常多的資訊；但是也要記得他們是分析師、不是分析神，對於未來大家只能用「某一種可能性的事實」來推論。

要去猜測一件事情，確實就像在擲銅板，準與不準都是五十%的機率。但是，與其去「猜」，不妨好好去選擇一間努力的公司。

你可以想像自己是個主管，下屬的努力，你一定會看在心裡，而不會去想「這個A，八年後的成長可期」，因為這是沒有基準的。你只能走一步看一步，但是每一天在每個小細節都願意多努力一點的人，於你心中的評價一定會是相對高的。就如同在選擇股票的時候，你選的應該是努力的公司，而不是整天跟你唬爛、說著「明年會很好、大後年會更好」這樣畫大餅的公司。

這也是投資的道理，投資人應該用眼睛去找努力的公司，而不是去想八年後、十年後會如何。

99+ 總結對話

愛德恩：分析師的客人與我們操作週期不同，理解市場的故事後，還是要尊重股價表現，價格就是答案，所以凱瑞才會說預測沒有用。

不魯：測試過多年，我們的結論是「真的很不準」，如果你還是信，那自己去體驗體驗嘍。

凱瑞：預測沒有用。

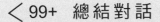

可以等待股價的第二春嗎？

在怎樣的情況下，股價比較難有第二春呢？

當它跌破季線時（即六十日，三個月成本的平均線），代表它死了，若這個季線又下彎，就代表它「死」得很透澈了。偏偏散戶常在這種反彈點進場買股票，但其實相關題材早已發酵完了，所以說這種時候的股票是沒有第二春的。

我們一直都很尊重股票強勢的樣子，但若它跌破月線，接著又跌破季線，我們就會放棄想要做多的看法。大家千萬不要有「當初某股曾經漲到七十元，想趁它跌破又回到五十元時再買」的想法；只要跌破季線，這樣的行為只會是接刀而已。

換個面向來看，同個價位在不同時間點，故事是完全不一樣的。試著回憶一下，國中時和初戀女友在台北車站約會，甜蜜的不得了，三十年前的台北車站對你來說充滿美麗的回憶，但四十五歲的你再回到這，台北車站還是台北車站，但是這地方給你的回憶跟感受已經是不一樣了。

這樣說的意思是，同樣是五十五元的股價，三個月前跟三個月後是不一樣的，更別說三十年前的台北車站跟三十年後的台北車站，雖然是同樣的價位、同樣的風景、同樣的格局，但是時空背景完全不同，喜歡這個車站的人完全不同，會來的人也完全不同，這是完全不同的故事，縱使它還是台北車站、還是同一個價位。

所以，想著跌破季線，回到五十五元就要大接特接，那真的是徒手接關刀。

市場當然也有死而復生的例子，但中間的沉澱也非常地久。

比方說二〇一八年的國巨曾經漲到一千一百一十元，跌破季線後的價位是九百多，季線下彎時是九百一十元，最低跌到兩百八十元。如果你在跌破季線的時候參與接刀，想著當初季線向上時的價格也是九百元，上次沒有跟到，這次一定要在這價位用力接，那你就是直接接到墓仔埔裡的人，也會整整痛苦兩年直到二〇二〇年的七月，才能再次重燃愛火解套。所以說，真的不要想著回到一樣的價位就可以參與到一樣的行情，沒有這一回事！

回頭過來進一步說明，股價跌破月線（二十日線）就代表開始轉弱了，跌破季線（六十日線）代表它開始要死掉了，尤其是在季線下彎的時候，幾乎很難在短時間內再爬起來。其中的原因是，季線是六十天的平均，下次要再彎回來至少也要好幾季後的事。

簡單地說，就是過去六十天買進的人全都被套牢了，如果你想在這樣的時間點進場，這些壓力都是需要被消化的。

當跌破股價，股價又下彎的時候，還是會看到有題材被再度拿出來炒作，例如二〇二〇年新冠肺炎興起，持續到二〇二一年初出現英國變種病毒消息，很多人又開始喊：「疫情再起啦～快去買口罩股、快去買生技股。」

但是反彈了多久？回測後發現只有一天、兩天。這就是死貓跳不起來，就算跳了也只有五公分，然後一堆散戶搶上車，因為散戶很容易想去接這種看起來很好的股票，只是獲利好、素質好，為什麼股價不漲？殊不知已經反應完了，已經在該漲的時候漲完了。

如果你也在這些散戶當中，覺得「之前沒玩到，這次不能再錯過！」時，不要忘記，若季線已經跌破，又下彎了，管它數字、營收、題材好不好，都是過去式。大家的目光已轉移到現在正在風光、第一春的股票。

說到死貓跳，建議大家不妨以「季線」當作判斷準則。如果股價又站上季線，再來考慮是否重新進場。同時也要把錢放到其他的強股裡，如果真的想玩跌破季線的類股的話，也要等到季線翻揚後再說。

99+ 總結對話

愛德恩：跌破季線就是跌破了。看季線可以提供多空方向的參考，適合沒時間看盤的上班族。總之，不要第二春，要找第一春。

不魯：季線之下就是零動能，下彎後短時間內也上不來，別做這種股票，去做現在正在發生的趨勢股。

凱瑞：以交易者的角度來看，儘量不去交易季線以下的股票。

Aa

外資不說的祕密

許多人將外資奉為重要指標，但外資真的很厲害嗎？嚴格說來，外資也是人，他們管理的錢確實很多，只是外資的外國經理人需要一次看很多家公司，無法每檔股票都看得很深入，需要在地的工作人員當他們的眼睛，幫忙看、更新數字，同時做產業消息的整理，也因為是人，總有看不準的時候。

也就是說，其實外資跟散戶一樣，有厲害的超級大神，也有反指標個性的人。如果你想用外資籌碼做投資參考，頂多就是用來當方向性的指標，絕不是用來跟單或做讓你安心的東西。

還要分享一點，外資看的東西跟做的事情，其實跟大家不太一樣，而且台灣可能只占他們整體基金的三%，並不算多大。也因此，我們認為外資對一般散戶的實務操作並不太具參考性。

外資看台灣，跟一般散戶或台灣本土法人看台灣，不一樣嗎？

台灣本土券商在看股市時分工很細，看得很深，相對於外資是看全球經濟、管理全世界的錢，外資基金經理人分配到台灣的權重可能僅占整體的三～五%，所以，他們不太會去做短線的操作。

外資的抱股通常是長抱狀態，以基本面的考量為主。比方說，台積電和聯發科的外資成本可能都落於一百到三百元之間，而且他們的進出很多時候不是一、兩天就結束，常常是三、五年起跳。也就是說，相對本土券商，外資投資週期偏長，投資屬性也不相同。外資的資金要進台灣或出台灣的標準，可能只是依照 MSCI[7] 的權重去做調配而已。

另外，外資在看台灣市場的時候，因為需要綜觀全亞洲或全球市場，操作的通常會是亞洲或全球的基金，台灣所占的比重是非常小的，加上台灣很多股票對他們來講，市值太小，在公司設定的選股條件下，他們買不了、也無法買。如果遇到賠了錢的股票，因為比重不大，可能也就只是放著而已。

這時候散戶看到外資沒賣掉賠錢的股票，就會以為外資還在、外資都沒有賣，殊不知這對外資來講只是一小點損失，大不了就用其他國家的獲利部位來填補。舉例，今天我是個全球基金經理人，今年買 Tesla 漲了五、六倍，就算我買了台灣的貿聯被攔腰斬，我也不見得有感覺，因為可能我只買了三元的貿聯，但 Tesla 買了三千元。

外資可以當作參考，但不用把它當成主動式的股票操作。小朋友團隊什麼都看，但外資不會是我們的所有，也不是全部。

那為什麼我們自己還是會去看外資跟投信動向呢？就像看電影前會先去參考IMDb的影評一樣。基本上，我們在買進一檔股票前，會想要全方面知道它的評價才決定是否進場，就像我們相信IMDb是專業的人會有專業的分析，所以我們會想知道運用專業能力寫下的影評評價。

也就是說，今天你想買進某檔股票，這時候外資說好就等於是一部電影被評為好看一樣。因為相對於一般的投資人，外資更專業、做更多功課、也拜訪過公司，錢又相對地更多，所以如果我們買的股票有外資在照顧，或是有他買，我們就會更安心、籌碼就會更穩定。

當然啦，外資也有看錯的時候（前面已經說了）。現實生活中，偶爾

---

7 MSCI是摩根士丹利資本國際公司（Morgan Stanley Capital International）的縮寫，MSCI指數也就是摩根士丹利資本國際公司編制的指數，也稱摩根指數、大摩指數。而MSCI是編製指數的其中一間公司，如同我們考多益、托福等英文檢定，因制定了一套標準且數據具代表性，通常也被拿來作為主要參考指標。

也會有聽信影評，結果進戲院後發現電影超難看的經驗。但也別忘了，市場是因為供需產生的，越多人形成的共識就越有標準性，例如五日線、月線，市場將它看做突破或跌破的準則，外資動向也是同樣的道理，我們也不能一直逆著外資去做股票，然後說自己看的一定對。

所以啦，我們看這些籌碼、指標是想知道市場的共識在哪裡，要找出有市場共識的訊號。在此，外資的動向也就成為市場共識之一，這些市場共識會讓我們的操作更具方向性。

這跟一般人看外資、跟單的心態不同，一般人可能會出現「哎呀被套牢了，但外資有買，沒事沒事。」的狀態，殊不知外資會抱三年，但你三天就屁滾尿流受不了。外資，對我們而言只是我們的輔助工具之一。

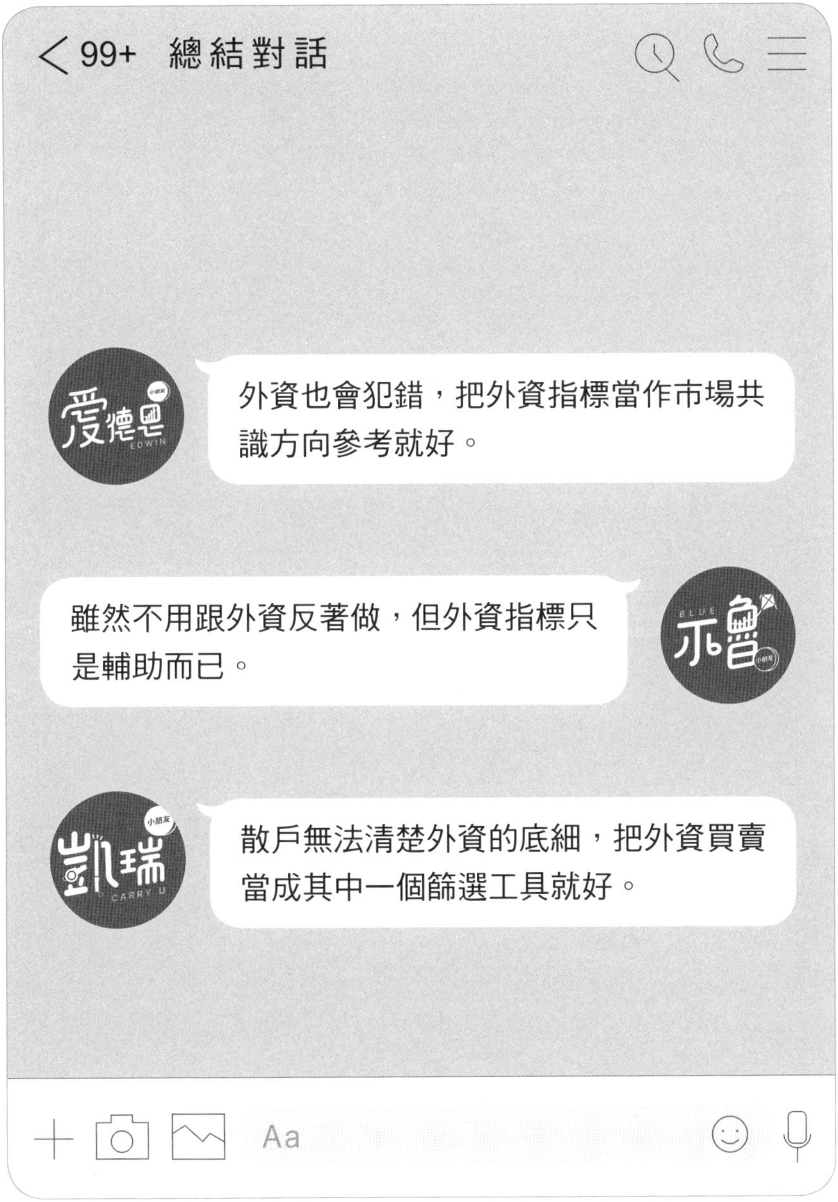
99+ 總結對話
外資也會犯錯，把外資指標當作市場共識方向參考就好。
雖然不用跟外資反著做，但外資指標只是輔助而已。
散戶無法清楚外資的底細，把外資買賣當成其中一個篩選工具就好。
Aa

Ch. 3
思考

打造你的長久獲利模式

賠錢苦、賺少也苦，

投資的道路上總是讓人在各種痛苦循環裡卡關。

然而，事有多面，

凡事都可以透過練習變得更好，

建議你不妨轉換一下，讓自己快樂投資。

 # 股票投資需要正能量

 # 閱讀永遠是最佳的知識來源

 # 不貪心贏面更大

正能量＋持續學習，為自己的投資負責

人都有犯錯、遇到挫折的時候，端看你如何面對，並且從中學習、反饋於自己的人生。

正面的東西會一直循環，負面的東西也會一直循環，如何將自己導入正向就是需要我們日常思考的地方。

新手剛開始投資時，常會有不知道如何踏出第一步，害怕發問的時候，真的不要擔心，勇敢發問、勇敢踏出去。就來分享我們三人菜鳥時期曾經犯的錯，沒錯，我們都曾是新手，新手總是會遇到問題。

保持正能量，回頭看都是小事

二〇一一年，那時候愛德恩還是交易員（他剛進市場工作第二年），曾經因為放錯股票交易指令而錯單，造成公司二百多萬的損失。現在的他雖然可以雲淡風輕地講述這個錯誤，但是在犯錯的當下要能承認錯誤，其實需要非常大的勇氣，這件事也給了他很大的打擊，整個人挫折不已。

但是把時間拉到一年後、多年後，他感覺到的是再沮喪的大事，經過時間的洗禮後都變成小事了。愛德恩的經驗是不要讓負面情緒占據生活，甚至生命，要學會放自己一馬，並從中學習如何修正改進，然後往前走。

不魯則是在從交易員轉當研究員的時候遇到挫折，因為非本科系出身，對金融的基本知識也不甚熟悉。然而，研究員有個重點工作是要調金融數字或財務數據的模型架構，還需要預估公司獲利的軌道，運用資產負債表、損益表、現金流量表的參數，讓系統跑出模型架構數據，外加數學也沒多好，他經常被搞到快瘋掉。這樣崩潰的狀況持續了近半年，他還是不會調表。但他也在那時領悟到，只要願意去虛心地請教旁人，問題都不太嚴重。

套到投資市場也是一樣，當股市出現一個小回檔，你因此受傷，瞬間覺得天崩地裂，但是只要拉遠，用全景模式觀看自己的投資生涯，你會瞬間覺得那時候天崩地裂的心情變得很好笑。若嚴守紀律用對的心態持續股市操作，五年後你的資產數字提升，你會發現當時拉回的數字，對現在的你來說，真的是個非常小的數字。

至於，操作越來越沒信心時，該如何做交易的調整？

沒有信心的情況，通常是發生在連續決定錯誤的時候（連賠、連套），你就會開始失去自信，然而，要重建信心的方式只有一種——繼續投資，直到你賺錢為止。

在這過程中，你需要檢視每一筆交易的原由，還有沒有其他方式可以優化。也就是說，不管是賺是賠，都需要去修正、檢視自己的每一筆交易，直到正確為止。若是賠錢，就不要再放這麼多錢，以前下十萬，這次改下一萬，重建信心後再放大部位。

等確認修正後的操作是正確的，或是市場可以接受後再放大部位。因為操作方式是動態的，市場的長相會一直變，上個月的操作這個月不一定適用，這個月修正完後下個月再來做，如果正確，再放大部位。透過這樣的過程不斷累積信心，如果你一直賠錢，賠到沒有自信了，或許就該考慮得從市場上畢業。

要找回信心，只有一句話形容「從哪裡跌倒，就在哪裡站起來」。即使你中間轉去做任何其他事，之後回來還是會害怕。在市場上贏錢，是建立信心的唯一方式。

很多人在投資路上走得不順遂，我們想對這樣的人說：「相信我們，你一定可以爬起來」。但不是單靠投資，建議你不順的時候，先不要悲觀，不妨換個角度思考——現在賠的錢都是人生經驗。就像我們看到某創業家既成功又有錢，但很有可能他是經歷了十七次的失敗，才有這一次的成功。每個人都在為自己的人生付出學費，而你在投資市場中的賠錢、你付出的學費也會有效果。

這個效果是什麼？就是你已經醒了，或許你不能只靠投資把賠的錢賺回來，但你可以靠投資加上工作把錢補回來。越想單靠投資賺回來，就越容易心急，越去想那些失去的錢，無形中給了自己每天都要賺錢的壓力，路就可能越走越偏。也就像之前說的「爛賭鬼」窘境。你應該要想的是「在行情好的時候大賺」，而不是天天賺回來。

跌倒了，再站起來就好

一般人在工作的時候常會想「是不是要待在這間公司一輩子？」這問題。當然多數人因為薪資、職涯規劃的關係，不可能在一家公司一路做到人生結束，抱一檔股票也是同樣情形，你又沒參與這家公司的實際營運，也沒在這家公司工作，更沒打算跟它一起經歷風風雨雨，怎麼會有要抱著這檔股票一輩子的想法呢？邏輯就有很大的衝突啊！既然沒有辦法認同一家公司一輩子，怎麼會想持有它的股票一輩子呢？偏偏我們總是會發現很多人在股市裡做的事，與生活中做的事正好相反。

聽信明牌是邁向技術狂熱的必經之路嗎？不，它不是必經，而是自然而然的過程。就像中國博大精深的武學道理一樣，先學蹲馬步，再學武功招式，到最後就像太極宗師張三豐講的「忘掉所有的招式，你就學會太極拳。」學會所有門派，再忘記所有門派。過程中雖然會想著：如果對方出右拳要怎麼擋，如果對方雙龍出海，我就要切他中路……但其實你只要戳瞎他雙眼就行了，重點就是把對方打倒，股市也是這樣的道理。

而說到底，投資市場就是「拍斷手骨顛倒勇」，這更是人生的縮寫——遇到挫折就要重新站起來。

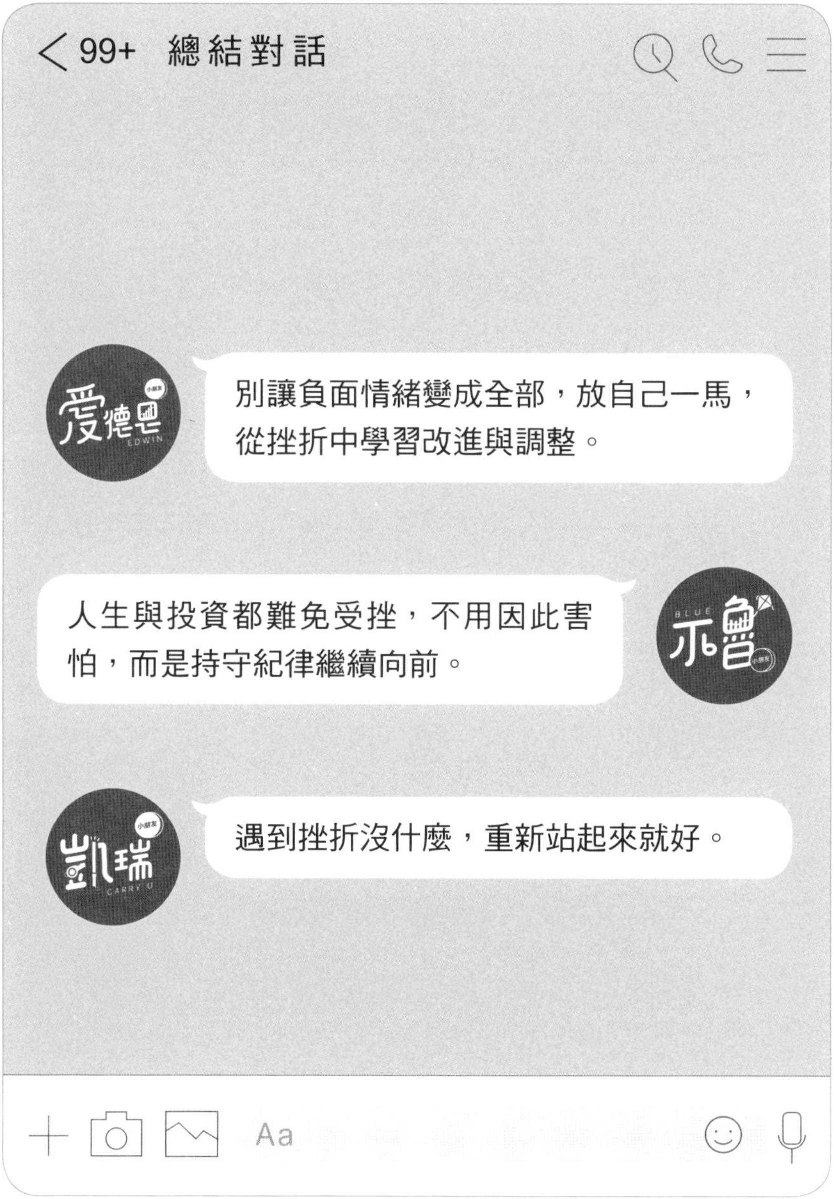
99+ 總結對話
愛德恩 EDWIN
別讓負面情緒變成全部，放自己一馬，從挫折中學習改進與調整。
人生與投資都難免受挫，不用因此害怕，而是持守紀律繼續向前。
BLUE 小魯
遇到挫折沒什麼，重新站起來就好。
凱瑞 CARRY U
Aa

不貪心贏更大

投資跟生活一樣，不可能什麼事都可以參與到或賺到。把事情簡單化，讓自己用輕鬆的心態與方式面對，只要做出選擇就沒有什麼是「好可惜」的；取而代之的是，可以更客觀地看待自己的投資操作。

如何把事情做得更簡單，是所有投資人都必須思考的事。分享一個小朋友團隊始終覺得重要的切入心態——「在市場上不能什麼都想抓到、什麼都想賺到」。只要有著這樣的心態，也會讓你的生活更有自己想要的風格，找到適合自己的操作，而不是又做法說、又要放風箏、又要當沖什麼都想做。

尋找最適合自己的操作模式

同理也可以放到市場標的上，常常聽到很多投資同學說：「這個我沒賺到好可惜！」、「這個我賣早了好可惜！」其實沒有什麼好可惜的，市場上的股票是選不完的，你必須透過看清自我個性來幫自己篩選標的。整個過程中，你有可能從一百檔減少到三十檔，因為你踢掉了跟自己不合的七十檔股票（無論是因為操作區間、股性、漲跌幅度等），這就是非常大的進步。

也就是說，我們建議每個投資人要有適合自己的固定做法。像不魯的短波段放風箏操作、愛德恩每天固定賺價差，上班族或許可以做中波段的操作。總之，每個人都要有適合自己的操作模式。

在取捨的過程中，也可以透過看前面提過的成交值排行作為操作判斷。題外話一下，為什麼我們不玩成交值小的股票？除了在中間跑的錢不多（雖然很多散戶喜歡這樣金額小、成交量低的小股票），但這樣的股票一休息就跟窒息一樣不會動，所以我們才建議投資人可以挑選量大的股票作為標的。另外，我們也會透過營收數字作為取捨持股的參考，讓自己的操作變得更輕鬆。

當然，有些行情在這樣的操作上會錯過，但我們都非常清楚這就是自己要的選擇。如同一個獵人進去森林裡打獵，絕不可能想著森林裡所有獵物都要抓到，而是選擇能力範圍內可以獵到的目標，並往這個方向前進。當然也會發生遲遲等不到目標的狀況，但那只代表行情不見而已。這個時候也不用硬做，硬做只是浪費子彈。

小朋友們建議的持股檔數

愛德恩認為舒服的持股檔數為盤中十至十五檔，盤後五到十檔。

不魯則是看行情區分，盤好的時候五到八檔已是他的極限。

凱瑞則是只要有疑慮就會設定超嚴格目標或乾脆不做，紀律是投資人最該遵守的重要原則。

總結對話

找到適合自己的操作，你的對帳單也可以很漂亮。

縮小你的狩獵範圍，縮到你能抓到獵物。這種才容易成為你買到、賣到、賺一波的標的。

下好離手，為自己的判斷負責

人在遇到重大決定或需要承擔責任的問題時，總是會因為想逃避而處在躊躇不前的狀態。但無論是人生或投資，清楚認知「這是自己的選擇」並願意承擔中間所有成本、修正與調整時，收穫才有可能大躍進。

每個做投資的人一定被問過或自問「要買什麼？」、「要賣了嗎？」等問題。然而這也是投資有趣的地方——每個問題都可以帶進人生裡，但為什麼你要一直問別人，難道不能自己做決定嗎？

以愛德恩為例，離職是他在目前人生中做的重大選擇之一。工作雖然高薪，但實在不喜歡中間的文化，離職前跟家人的討論也不甚開心，最後決心離職，除了覺得如釋重負外，心裡也有一股空感虛，再加上收入歸零，人生等於是從零開始。後來，他嘗試創業、建立小朋友團隊，自我期許可以在社會上造成一些影響力。剛好搭上股市上漲的趨勢，自己也努力執行，團隊開始有成績表現。但即使創業失敗，愛德恩也在做好選擇時決心扛下這些失敗的成本，自己對自己負責。

對不魯來說，從交易員轉行研究員這個決定，也是讓他猶豫了很久。那時候他察覺到如果繼續做交易員，很可能過了五年，他還在原地踏步做一樣的事，他認為自己需要做不一樣的事，在詢問過非常多人的意見後，他做了決定。當然，有一部分的他覺得後悔，但他也知道自己必須去承擔這個選擇的結果，並且繼續在這條路上去執行下去，試看看自己能否踏入下一個階段。

據不魯自己說，他曾偷偷埋怨那些建議自己轉行的朋友。但這不就是人性嗎？套入投資股票的經驗，明明按下買進鍵的是自己，賠錢時卻要怪罪推薦的人。進一步來說，如果你永遠都仰賴別人幫忙做決定，事後再抱怨這個選擇是錯的，這就代表你不願意為自己的決定負責。繼續用投資舉例，或許有人曾有這樣的狀況：對某檔股票下了研究功夫，但因為不太有信心只投入二十萬，但別人推薦的股票也沒做什麼功課就下了九十萬，中間的原因就是「對自己沒信心」以及「不想去承擔責任」。

學會做決定這件事，不但代表我們為自己負責、為人生負責、為投資負責，也能在每次做決定時更有信心。你也會學會在錯的時候改進，對的時候把握。

到此，也回應到小朋友團隊的宗旨：不要問明牌，學會自己看股票、看得懂大盤的金流，並為自己的持股負起責任、承受它、調整它。這樣才會持續成長，你也會越來越有自己做決定的條件表、戰略、策略，甚至自己進出股市的一套模式。

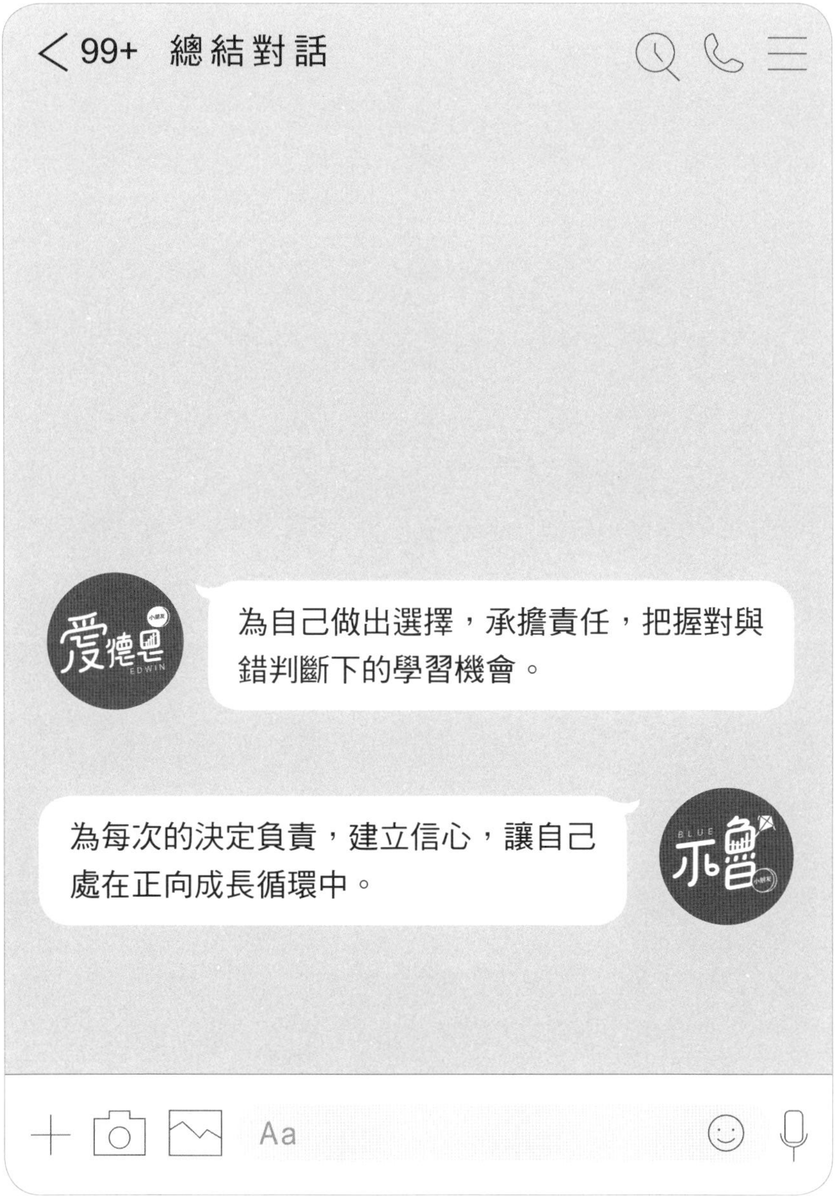
99+ 總結對話
為自己做出選擇，承擔責任，把握對與錯判斷下的學習機會。
為每次的決定負責，建立信心，讓自己處在正向成長循環中。
Aa

看對新聞、找到新聞

很多投資人在瀏覽新聞時，只注意到表面的文字或事件，便被新聞風向帶著走。想鼓勵大家直接拿出技術線圖，或找出公開資訊、線索做比對，窺探中間的操作以及尋找投資機會。

新聞利多＝倒貨？

為什麼散戶總是覺得新聞利多出來就是在倒貨？新聞會被這樣聯想，可能的原因有幾點：

①通常會上新聞的事大多是事件正在發生，比如公司前一天講了什麼話、出了什麼事，隔天就會見報，諸如：月營收公布、法說會。通常媒體都會往「好」的趨勢去下筆。那為什麼會有「看到新聞就覺得在倒貨」的想法，可能是很多人早就上車，等月營收公布、法說會隔天就出場搶賺價差。整體來說，如果你看到事件發生前股價就已經先漲一波，可能是有人預期這個事件不錯而進場布局，等事件發生後，他們就賣掉持股，造成股價的波動。但這個波動不代表公司不好或股價不會再向上表現。面對這種狀況，除了要考量事件前是否有人進場、自己是否能承擔事件後的賣壓外，更要去了解消化完並作適合自己的決策。

②不用懷疑，新聞出來就是要倒你貨。最常有這類狀況的，都是不知道在做什麼的公司。一聽就知道它在畫大餅，可能公司的本業也不怎樣，要營收沒營收、要獲利沒獲利，目的就是想拉抬股價。面對這類的狀

況，通常公司倒你貨也不可能只是賺你一根漲停價，你可以看之前漲了多少，並且搭配自己的風險屬性做投資決策與停損。

③散戶覺得被倒貨，是因為許多散戶認為利多一出，隔天股價就會上漲。但散戶們沒注意到的是，在利多消息出來之前，股價可能已經漲了五、六倍。在正常情況下，你總不能期待所有的利多都會在當下讓股價上漲。這個時候，建議可以先回頭看股票的相對基期在哪裡，基期也是我們判斷股價高低的重要指標之一。

④被倒貨也有可能來自大盤本身不好，金流偏悲觀，股票上漲的幅度因為有壓力無法表現。這裡要提醒大家，在投資市場裡，不能只看一件事，需要看很多的事件並且整合起來。好與不好常都是很多事情導致的。必須要綜觀、宏觀地來看待，而不是狹隘的用單一因子概括判斷。

掀開法人底細 GME 的事件

GME 事件（遊戲驛站軋空事件）是二〇二一年初相當紅的新聞事件，媒體不僅爭相報導更吹捧中間散戶的威力。剛開始，我們也是透過新聞才知道，只是當我們用 GME 前幾大股東的持股去了解到底哪個散戶這麼強大時，發現前幾大股東名單居然是我們過去職場上相當熟悉的大客戶：Fidelity 富達、BlackRock 貝萊德、Vanguard 先鋒等等，雖然有散戶推波助瀾的成因在，但新聞吹捧散戶的同時，背後卻是這些機構正在賺錢。我們也藉此機會，跟大家聊聊這些法人的底細。

就媒體的報導來看，GemeStop 這間公司主要是做實體電玩遊戲，但財報一直都很差，此時就有放空機構寫這公司很爛，並用對沖基金去放空它，忠實的玩家散戶便在美國的網路平台上集資軋空放空 GME 的公司。

所謂的「對沖基金」不只是用以做空的金融商品，而是「多空雙向都做」，而且多空雙向也是要平均表現，不可只單押一邊。也就是說，機構會在市場上找尋不好的股票做空、好的股票做多，並且希望兩邊都賺到錢；不管是遇到市場賺或賠，都不會大賠。

而所謂的「放空機構」，就是寫研究報告的人，而不是持錢的人。

至於，為什麼這些以價值投資為導向的大型投資機構會是財報不佳的GemeStop的大股東呢？一定是他們看到了某些價值。

當大家一頭熱地被新聞帶風向，認為散戶超強的時候，卻忽視了機構背後的操作，當然這類事件我們也不認為是常態，投資人遇到這類事除了要謹慎思考背後成因，也要避免成為最後上車的老鼠，我們更不會建議投資人追逐像這類往下走的公司的暴漲行情。

總結對話

玩類似的事件手腳要快，因為散戶不會知道背後的真實長相，進去搶到獲利先落袋為安。

媒體報導通常是話題性大於事實，所以不要看到什麼都當真。

全職交易沒有你想的簡單

「生活即投資，投資即生活」。不管在什麼時候這都是小朋友團隊強調的重點。然而，當你發現股市行情超級好，如同二〇二〇年因新冠肺炎疫情台股便受惠而出現極佳的行情表現時，「要成為全職交易者」就變成很熱門的人生規劃話題，但全職交易是不是像你看得那麼輕鬆、誰都能勝任呢？

二〇二一年三月，愛德恩做全職投資約滿一年，那時有人來問愛德恩是否該轉全職時，但他一律回答：「不要做全職！」這是為什麼呢？

你適合全職嗎？

先來定義「全職投資者」，你所有的生活開銷都是從市場提款賺來的。從個人的角度來說，當初愛德恩離職並不是想要做全職投資者，而是在外資企業做到主管職，那是個需要跟國外總公司報告的職位，看看身邊的朋友，發現自己在這間公司已經爬到了緊繃的最高位置。雖然薪水優渥，但稅也課得很重，一年下來，薪水還沒有辦法湊到買房的頭期款。

當時他便考量，假設今年都沒有賺錢，生活也不會過不下去，加上過去的工作都是為高資產客戶服務，就想著把這樣的知識用來服務像他一樣的一般人，於是決定離職。

不魯也是一樣，他的初衷是想讓更多的投資人知道更多的基礎知識、應該知道的事，並且保護好自己的錢。

那為什麼不要做全職投資呢？因為市場不是隨時都有行情，更不是每天都有好做的股票可以做，市場常常處在多空不明、上下不斷的整理狀況。以前我們也以為只要夠強就可以在所有行情下賺到錢，但是事實並非如此。

全職後更仰賴市場

不妨想看看，假設你是個全職投資者，就等於沒有穩定的收入。如果哪天來個三個月沒行情、半年盤都處在上下一千點的震盪，又或者像二〇〇八年的金融風暴、二〇一五年的美股大跳水，你就處在收入不定，心也始終忐忑的狀態下。如果你要全職交易，就要能達到穩定的賺錢，而穩定賺錢的前提就是你必須克服自己的情緒，不能讓情緒凌駕在操作上。一旦讓情緒勝於交易，就可能會因為害怕的關係而不願停損，不願停損就會導致上下的賺賠比例抓不好。

全職交易一定會有這方面的壓力，因為你所有的支出都是來自市場，被迫每天都要賺到錢，就容易陷入不好的心態循環裡。變得很容易有事沒事都想出手，卻沒注意到有時候不出手才是最好的，像是沒有行情的時候出現盤整盤，再加上沒有明顯的強勢族群，硬做就變成爛賭鬼。

再從另一層面來看，繼續拿愛德恩舉例，即使像他這樣有經驗、這麼會抓族群與強勢股，但在很黏的盤或是大跳空的行情下，連他都躲不掉，獲利曲線也無法持續穩定向上，更不用說一般想從上班族直接轉成全職投資的人，這是有一定難度的。

或許有人會想，幾個月賺，幾個月沒賺有那麼嚴重嗎？但，你有想過沒賺的那幾個月可能還是賠錢的，或者是直接吃掉你之前的獲利，你的生活和心態也就因此壓力大增。如果你又是沒有什麼職場經驗的年輕人，很有可能之後就回不去職場，這樣就是大問題了。

即便是小朋友團隊，嚴格說來，我們也不算是全職交易者，每個人手邊都還有其他的事業重心或是收入。例如愛德恩，縱使他有相對高的收入，他也不敢輕易放開原本的工作，而是經過多次的深思熟慮與計算，離職創業也有考量自己身為外資交易員的競爭優勢，他有信心即使創業失敗也有辦法回去職場，是有後路的。

市場上當然有全職的交易者，但我們認為如果真的要這樣做，也要穩到有把握才行。所以當讀者問我們：「怎樣才能成為全職投資人？」我們只能建議你還是三思而後行。或者也可以思考：是否能接受三年不賺錢？或是你真的可以完全控制好個人情緒嗎？如果答案都是肯定的，再來好好想「全職交易者」這件事也不遲。

另一個面向，其實我們認為全職交易者比創業還難，創業是去拚你想做的事，但是全職交易你仰賴的是市場。市場若不給你飯吃，你真的會吃不到飯，如果還看錯方向，那就更不妙了。

建議年輕人先好好工作、存錢、投資，把這三件事好好並存並行，不要只將投資放在第一位。千萬不要把全職投資想得太容易，雖然不是不行，但還是要具備所有需要的能力，才可以去嘗試。

總結對話

愛德恩：即使手上仍有其他收入來源，但全職投資這事還是要三思而行。

不魯：全職交易沒有不可行，但真的需要對自己有深刻認識以及足夠的信心。

多多閱讀，績效UP

不魯常跟投資人分享在盤中要知道「錢在哪兒」，就要了解所謂的「類股」——我們需要知道目標標的是做什麼的、屬於何種產業。不魯在投資初期最常閱讀的雜誌就是《先探投資》，剛開始一定不懂，但看久了就會對個股的產業、景氣循環有一定程度的認識。至於書籍方面，《股市大贏家Ⅱ：贏在修正不在預測》則讓他對投資完全改觀。

凱瑞曾在節目中分享，如果對技術分析有興趣可以閱讀蕭明道老師的作品；如果對行為金融學有興趣，可以選擇《為何賣掉就漲，買了就跌？》，這本書的重點是用行為分析投資，教導讀者看清一般人操作的盲點，打敗市場績效。

回頭過來看，小朋友團隊現在已處在很確定自己想看什麼書、會去選擇有共鳴的書的狀態。也因為曾經的大量閱讀，我們發現很多高手寫出來的內容都超級相似，價值投資型的書籍會比較不同，若是動能投資類型幾乎都是大同小異。我們三人都很喜歡《超級績效》這系列，書中詳細說明了從操作到看法，再到如何看市場的領導者與線型等，非常適合想尋找恰當投資模式的朋友。

總結下來，我們會建議大家可以先去找與自己同操作類型的作者書，如果你想要了解產業、目前資金在哪個產業的話，就去看報章雜誌。如果你想知道「如何從市場賺錢」的話，建議要邊看書邊做交易，理解自己的個性，同步調整閱讀的類型與方向。就拿愛德恩來說，愛德恩偏短線操作，如果盡是找價值投資的書來看，很可能看過兩千本還是沒法在市場上賺到錢。

APP是掌握訊息的好幫手

分辨產業類股，除了閱讀，也可從看盤APP學習。

目前，全台逾八成的券商手機下單APP，都採三竹的系統為基底。如下圖，點選產業類股就會出現各種分類。

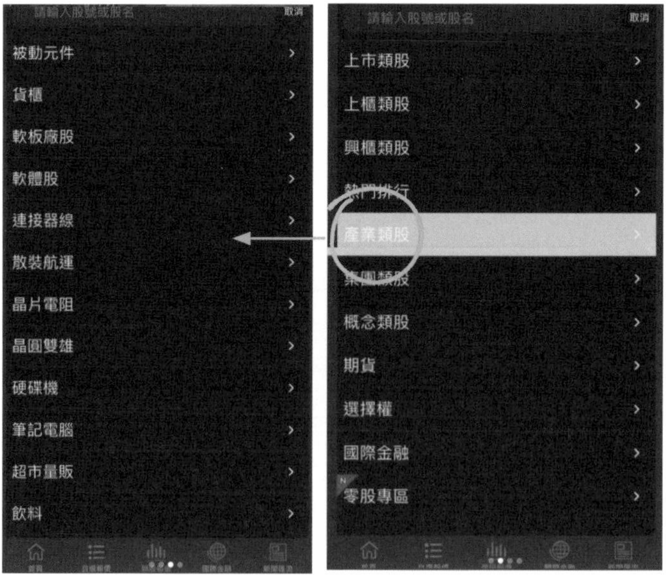

想看公司產業的屬性也可以用APP完成。從右上角的選單進入，可以找到「個股盤後」的選項，再繼續點選「基本資料」就可以看到各公司的產業屬性。

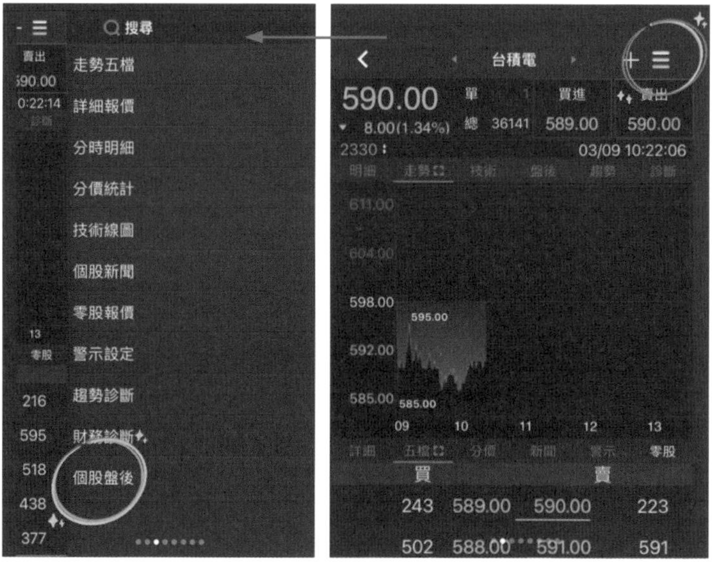

點選「基本資料」就會出現會更多資訊的頁面。

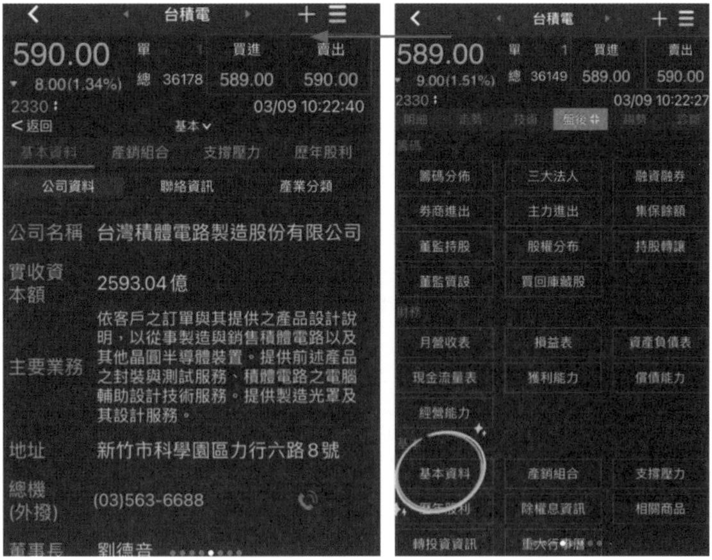

〈 99+ 總結對話

了解自己的交易模式、生活型態、邏輯、可接受的停損程度，同步調整閱讀與做功課的方向。別忘了還需要真槍實彈的交易，不能只靠閱讀書籍。

越靠近交易成熟期，越能找到有共鳴的書。

Aa

【結語】

用最舒服的姿態遊走股市

回顧小朋友團隊的交易歷程，從道聽塗說到瘋狂研究，最後昇華到投資成熟的淡定，我們走過很多冤枉路，也經歷過非常多的挫折。而你是否正在經歷或曾經經經歷我們走過的這些路呢？

大家可以好好回想一下，自從踏入投資市場以來，甚至是進入之前，是不是聽到別人講、看到書上寫，或是報章雜誌說的、分析師說的，你統統都信了呢？我們曾經都信了，因為我們都曾經這麼幼稚過。

填鴨式教育的後遺症

我們反思過，或許是台灣的教育從小就要求孩子要服從、要聽話。長時間處在填鴨式教育的體制下，國小、國中、基測、高中、學測、指考、一路到大學，老師說什麼、爸媽說什麼都是對的。

舉例來說，台灣人的計算能力相對於其他國家是快的，因為我們有背九九乘法表。雖然事實證明真的有用，但在背誦的當下，我們其實並不清楚為什麼八九是七十二，為什麼六五是三十，因為老師或爸媽都是塞一個墊板過來，要我們用最快的速度記下。又或者是過往很多的歷史事件，我們一直相信教育部編訂的教科書，直到長大接觸更多資訊時，才發現原來事實跟過去所學是不一樣的。

以前，在教科書上會看到「中國很落後」、「泰國很落後」、「東南亞很落後」，還深深地印在腦子裡；直到上了大學，老師開始要求我們要有獨立思考的角度、勇於批判的思維，我們的視野被打開了，才發現事實根本不是這樣。那些我們以為落後的國家，其實他們的硬體設備幾乎都比台灣還要好。

再舉個例子，大家還記得國小時候，每天的十二點至十二點半是午餐時間，十二點半到下午一點就要午休，如果不睡覺就會被風紀股長記名字，一點上課後等著被處罰。

但我們的作息真的該這樣被規範嗎？

回到投資市場，當你一直相信名師指點卻又一直賠錢的時候，是不是該懷疑：「這些『達人』給了我資訊，我也按照步驟去執行，不是應該要賺錢嗎？怎麼沒有呢？到底哪裡出了問題？」

偏偏社會上就是有很多人聽了、相信認定某個資訊後，就不懂得要去懷疑這些事情，比如：他們認為「就是要去聽目標價、要去聽壓力支撐，才能賺錢」。但回測也證明，如果只聽支撐壓力的話，那麼在台股二〇二〇到二〇二一年這段加權指數漲幅區間可能賺不到什麼錢。

有些人會被過去的經驗禁錮，轉變成思想的牢籠。我們建議大家凡事都要抱持一顆「懷疑與探究」的心。回到市場面，我們也建議大家永遠都要往前看，看到什麼做什麼，不要過於預測、不要太在意過去。雖然會有相似事件，但每一件事不會一模一樣。如果真的發現有相似部分，你會發現相似的是人性，而不是行情。

有了答案也需要思考、驗證

小朋友團隊不一定永遠都是對的，我們也經常收到許多投資朋友聽到、看到我們所講的話，去交易、反覆驗證，最後回饋給我們的訊息（正確的、錯誤的都有）。沒錯，我們也會有錯的時候。因此我們更鼓勵投資朋友能夠多聽、多吸收、多比較、多思考，整合後歸納出屬於自己的東西後再做應用。

看待投資市場，希望大家不管是在看新聞、法說、公司資訊等等的消息時，任何你想知道的，特別是在你關注的標的上，只要心裡覺得不合理，都要有所本地去質疑。

進一步來看操作面，在現實生活中保持懷疑的態度、改變不合理都沒有問題，但在股市裡就需要設立防火牆：當你心有質疑時，記得尊重市場，成交價就是答案。或是，如果你真的有所疑慮，那就乾脆都不要做任何動作。

能夠開始在市場自主操作交易的同學，大家都是成年人了，請不要幼稚地想像：相信別人的明牌、相信別人講的目標價、相信別人講的支撐與壓力等等就可以賺錢。真的不要像曾經的我們這麼幼稚、天真。

小朋友團隊曾經有過很多的幼稚想法，都慢慢地在挫折中調整過來了。藉由我們的分享，希望能縮短大家在投資路上的掙扎，用相對健康的心態與方式面對市場起伏。總之，用自己最舒服的姿態遊走股市、有紀律的停損與停利，好好保護自己的錢——質疑自己錢放的地方，隨時修正並且為自己的決定、買進賣出負起最大責任！

最後，想跟大家信心喊話：「你不孤單，我們都一樣！」希望透過我們三人在市場的經驗，讓大家可以少一點受傷，多一點快樂。

不魯學堂

24個散戶新手必知的股市術語

小韭菜們看過來，
24個術語，一定要搞懂喔～

基礎學堂的原理適用全世界股市，歡迎使用！

1. 趨勢

「多頭趨勢」就是下面右圖，仔細看圖中有三條線，從上到下分別為 5MA、20MA、60MA，代表均線多頭排列。

「空頭趨勢」則為下面左圖，5MA 在 20MA 下面、20MA 在 60MA 下面，代表均線空頭排列，股市下滑。

空頭趨勢

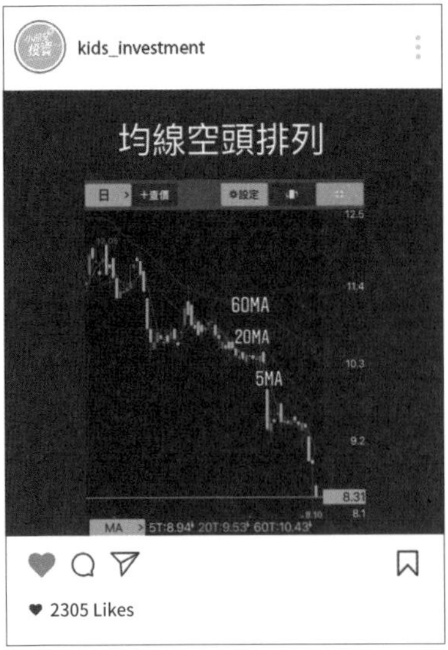

多頭趨勢

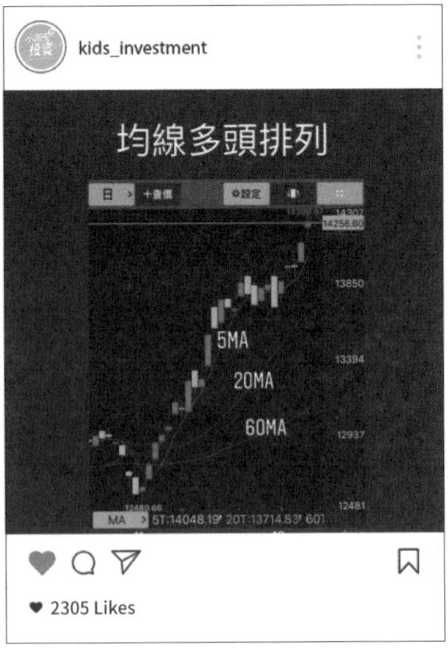

2. 上市上櫃股票

股票分為上市股票與上櫃股票，但都可以在集中市場上做交易。兩者有明確規定及標準如下：

項目	上市條件	上櫃條件
興櫃股票市場	登錄滿六個月	登錄滿六個月
設立年限	設立滿三年（公營轉民營不受此限）	設立滿兩個完整會計年度（公營轉民營不受此限）
實收資本額	申請上市時達六億元以上	五千萬元以上
獲利能力	最近一會計年度無累積虧損，且財務報告之稅前淨利占年度決算之財務報告所列示的股本比率，符合下列條件任一者： 1. 最近兩年度均達 6%以上 2. 最近兩年度均達 6%以上，且後一年較前一年佳 3. 最近五年度均達 3%以上	最近一會計年度無累積虧損，且財務報告之稅前淨利占財務報告所列示的股本比率，符合下列條件任一者： 1. 最近年度達 4%以上 2. 最近兩年度均達 3%以上 3. 最近兩年度均達 3%以上，且後一年較前一年佳，但前揭之決算稅前純益，於最近一會計年度不得低於新台幣四佰萬元
股權分散	記名股東人數一千人以上，公司內部人及該等內部人持股逾 50%之法人以外之記名股東人數不少於五百人，且其所持股份合計占發行股份總額 20%以上或滿一千萬股者。	公司內部人及該等內部人持股逾 50%之法人以外之記名股東人數不少於三百人，且其所持股份總額合計占發行股份總額 20%以上或逾一千萬股。

3. 權值股

權值股也被統稱為「大股」，其漲跌表現會影響台股加權指數的走勢，下表中的台積電占台股近30%權值比重，就是典型的權值股。

臺灣證券交易所發行量加權股價指數成分股暨市值比重

排行	證券名稱		市值佔 大盤比重	排行	證券名稱		市值佔 大盤比重
1	2330	台積電	28.6191%	466	1109	信大	0.0165%
2	2317	鴻海	2.9018%	467	9905	大華	0.0165%
3	2454	聯發科	2.7539%	468	5607	遠雄港	0.0162%
4	6505	台塑化	1.7638%	469	6115	鎰勝	0.0162%
5	2412	中華電	1.6976%	470	6416	瑞祺電通	0.016%
6	2881	富邦金	1.4605%	471	2642	宅配通	0.016%
7	2308	台達電	1.4186%	472	6024	群益期	0.0159%
8	2303	聯電	1.3664%	473	5283	禾聯碩	0.0158%
9	2882	國泰金	1.3607%	474	2450	神腦	0.0157%
10	2603	長榮	1.324%	475	1321	大洋	0.0157%

資料來源：台灣證交所

4. 上櫃權值股

上櫃權值股是會影響上櫃（櫃買）指數走勢的上櫃（櫃買）股票，如表中的環球晶，就占了目前櫃買近7%的權值比重。

證券櫃檯買賣中心發行量加權股價指數成份股比重

排行	證券名稱		市值佔櫃買指數類股比重	排行	證券名稱		市值佔櫃買指數類股比重
1	6488	環球晶	6.8917%	394	8289	泰藝	0.0414%
2	5347	世界	4.5577%	395	6163	華電網	0.0413%
3	3105	穩懋	2.733%	396	3303	岱稜	0.0413%
4	4966	譜瑞-KY	2.6794%	397	5464	霖宏	0.0412%
5	5483	中美晶	2.048%	398	6461	益得	0.0408%
6	3529	力旺	2.0011%	399	2718	晶悅	0.0407%
7	8069	元太	1.7746%	400	8038	長園科	0.0404%
8	8299	群聯	1.6738%	401	8111	立碁	0.0403%
9	5274	信驊	1.4675%	402	3508	位速	0.0403%
10	6547	高端疫苗	1.4378%	403	5601	台聯櫃	0.0403%

資料來源：證券櫃檯買賣中心

5. 法人股

法人股，也就是大股，通常會沿著十日線（10MA）走（如下方兩張圖）。

法人股的長相

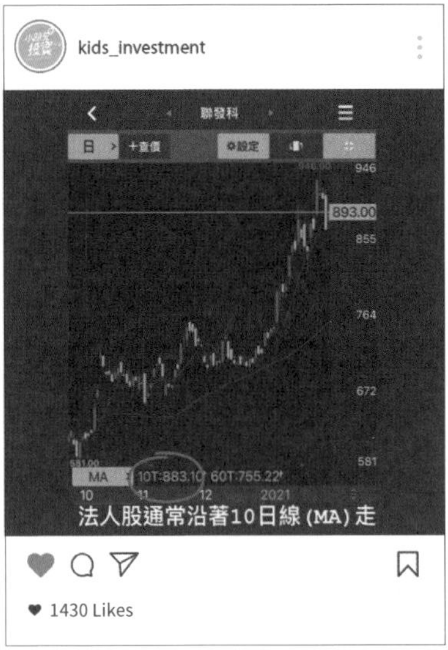

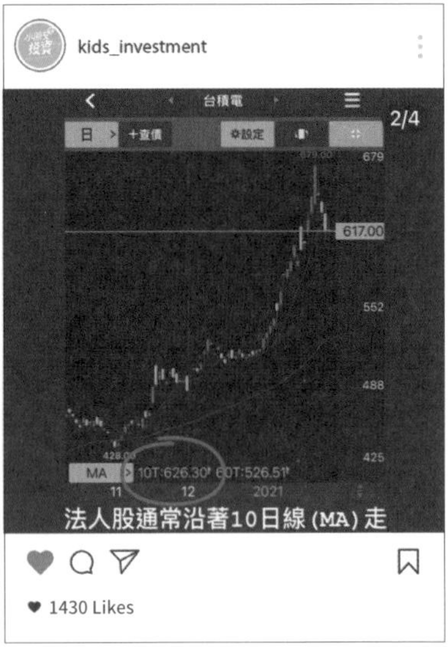

6. 飆股

「漲多跌少」的飆股，應該是投資者最愛的線圖，基本上沿著五日線（5MA）漲（如下方兩張圖）。

飆股的長相

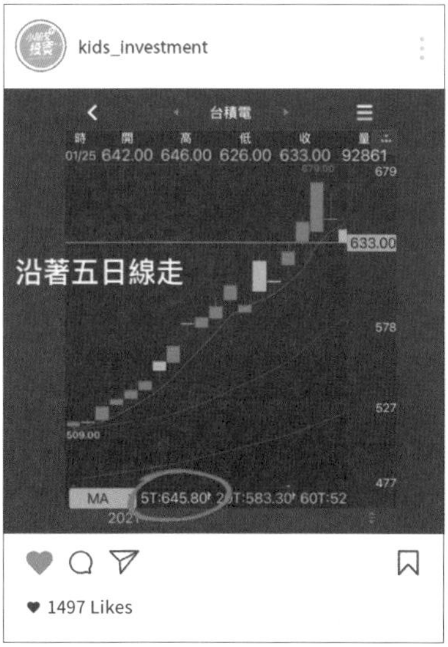

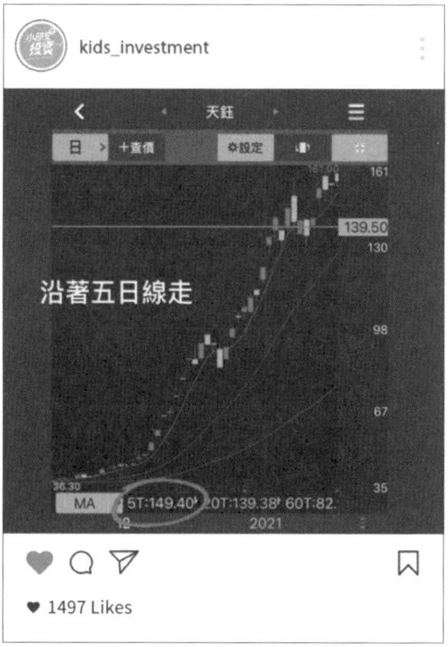

7. 紅 K

紅色 K 棒表示收盤價高於開盤價，也就代表開盤買的人都賺錢。

開盤買的人都賺錢

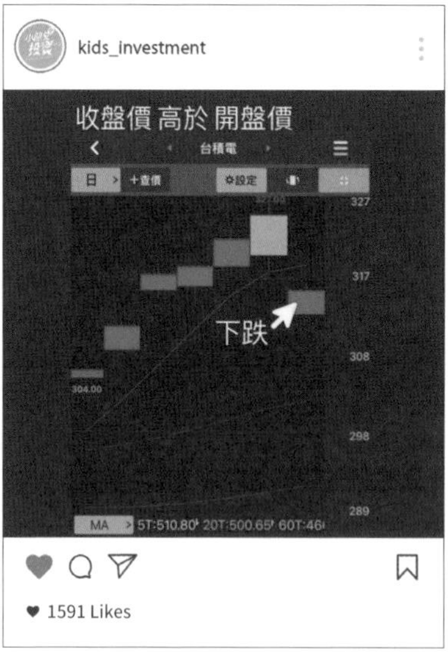

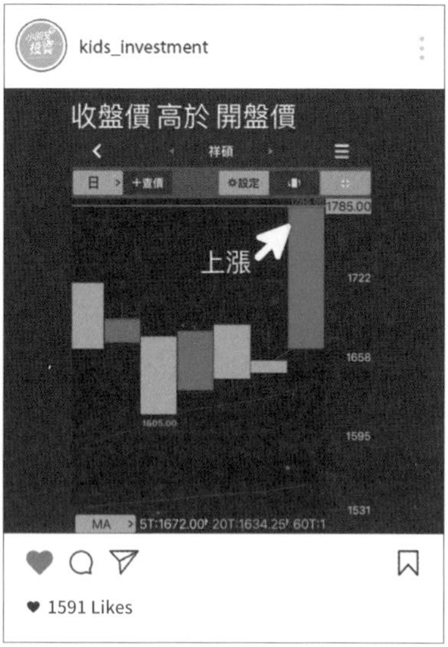

8. 綠 K

綠色 K 棒表示收盤價低於開盤價，代表開盤買的人都賠錢。

開盤買的人都賠錢

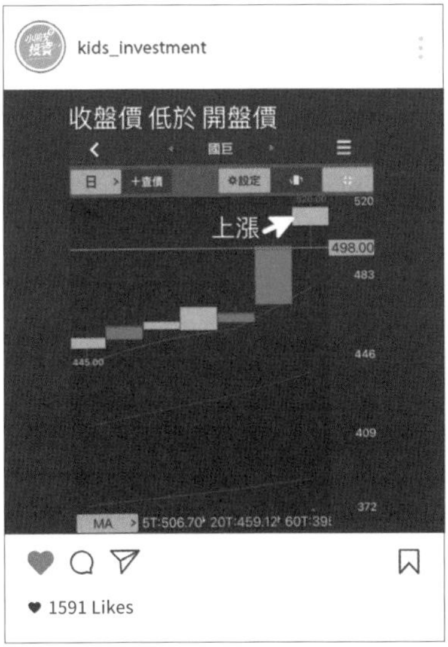

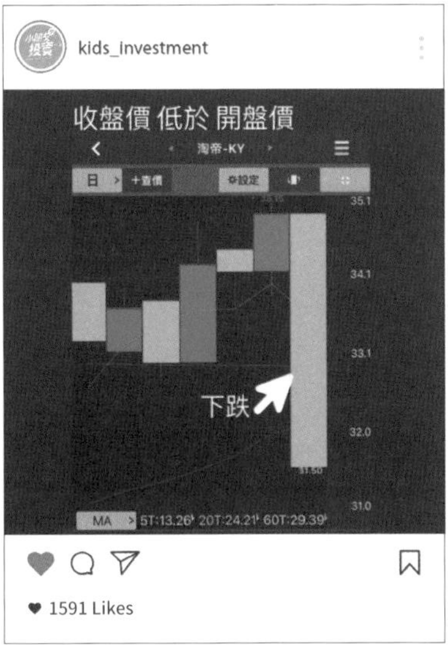

* 紅 K 或綠 K 是以當天收盤價與開盤價為結果，僅能表現當日價格的變化，未必能呈現整體盤價的漲跌。除非與前一天的收盤價相比，方能推估盤勢的變化。

9. 長紅 K

前面提到了「紅 K」，但第一根長紅 K 是什麼呢？簡單說，第一根漲 6%以上的紅 K 才是第一根長紅 K，第二、第三則「依此」類推。

漲幅超過 6%就是長紅 K

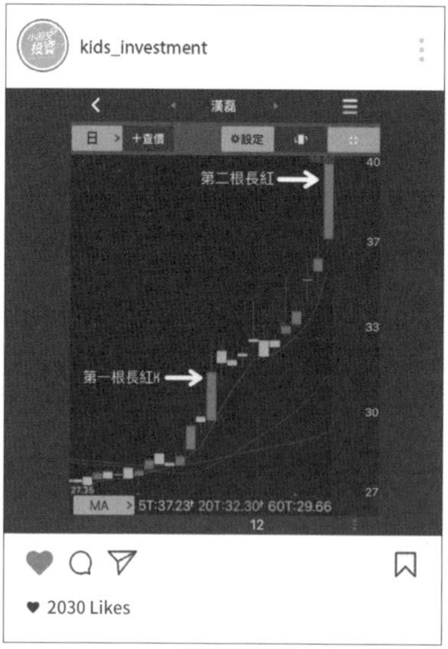

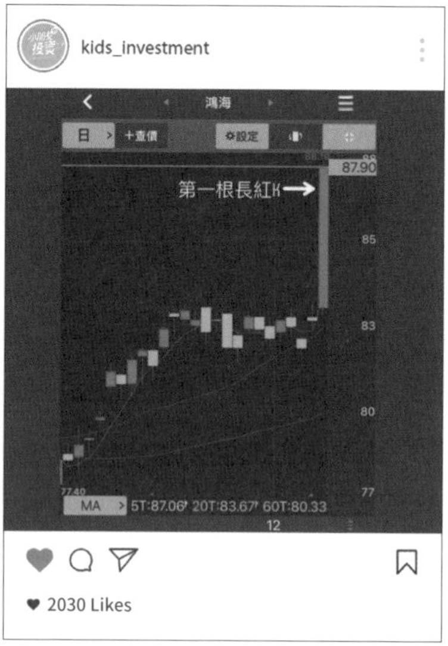

10. 爆量

當天成交量達五日平均成交量的「兩倍」以上，即為爆量。這個的定義不只適用於台股，國際股市也是如此。

爆量的定義

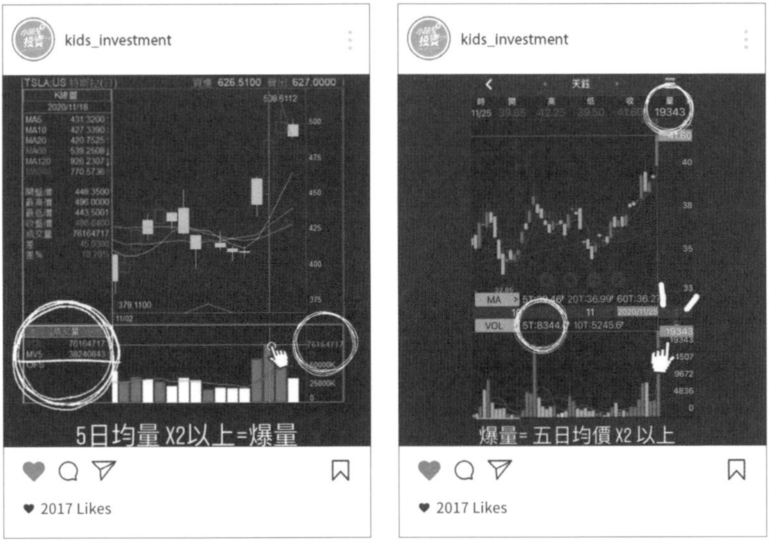

11. 上影線

上影線，表示當日最高價高於開盤價或收盤價。
影線長短顯示「當日」多空的強弱，上影線越長，「當日」空方較強。影線只能代表「當日」的買賣狀況，對後續走勢沒有一定的參考價值。

上影線（綠 K）

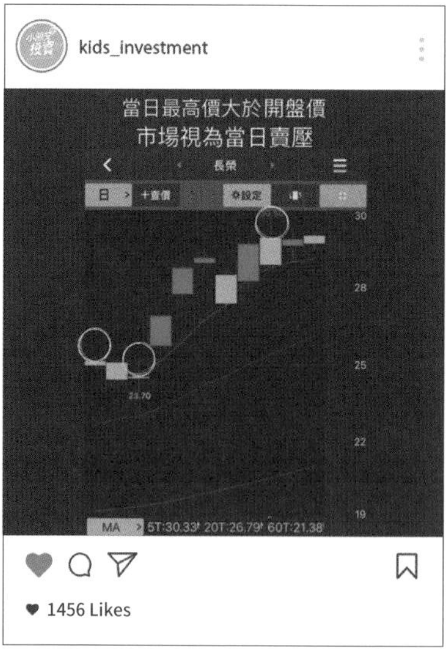

上影線（紅 K）

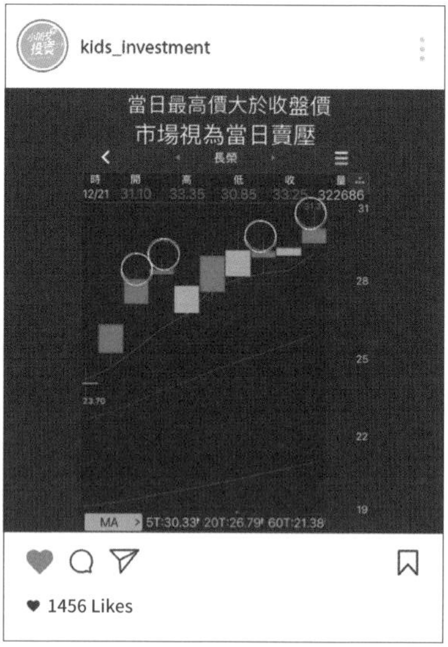

12. 下影線

下影線，表示當日最低價低於開盤價或收盤價。
影線長短顯示「當日」多空的強弱，下影線越長，「當日」多方較強。影線只能代表「當日」的買賣狀況，對後續走勢沒有一定的參考價值。

下影線（紅 K）

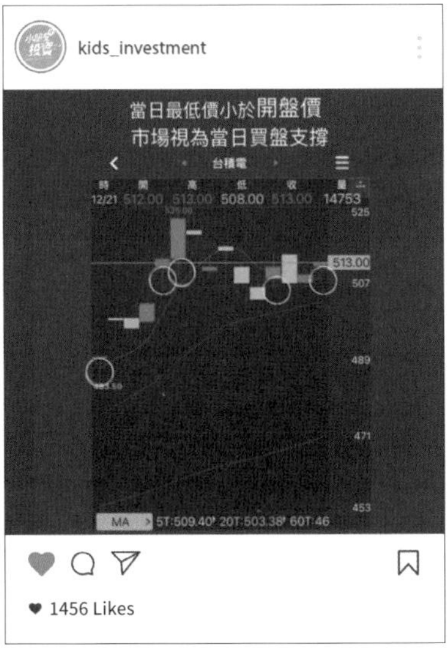

下影線（綠 K）

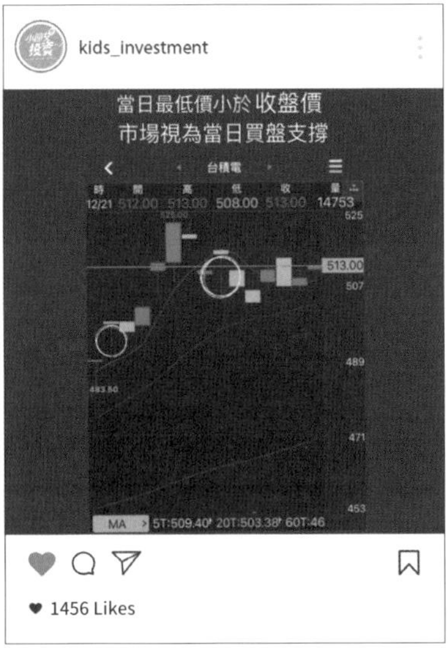

13. 跳空

在 K 線圖中看不到交易成交的價格區間，就是「跳空」。為什麼會出現跳空？原因在於當日開盤價格直接高於前個交易日的收盤價，兩根相鄰 K 線間出現的空白缺口，稱為跳空缺口。

跳空，也有分為往上或往下。

右圖是往上的跳空缺口：開盤第一個價格，投資人積極追價，掛買的價錢高於前一個交易日的收盤價。

左圖是往下的跳空缺口：開盤第一個價格，投資人積極賣出，掛賣的價格低於前一個交易日的收盤價。

向下的跳空

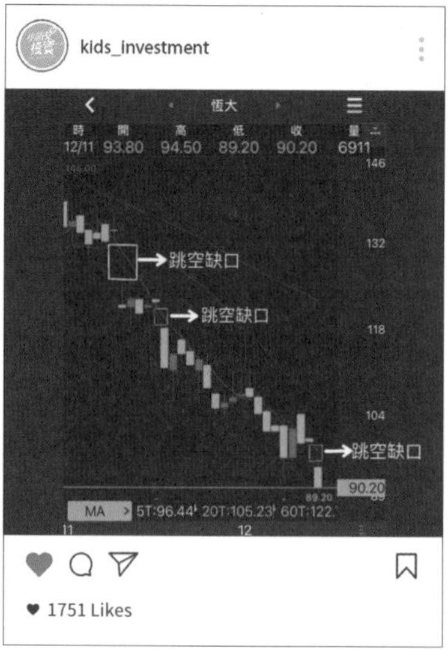

向上的跳空

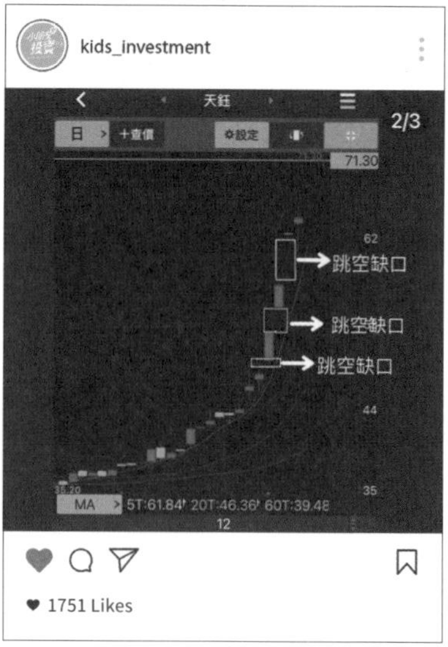

14. KD 黃金交叉

K 值往上突破 D 值即為「KD 黃金交叉」，一般認為出現 KD 黃金交叉，短期有機會轉折從低點向上漲。

短期將有機會上漲

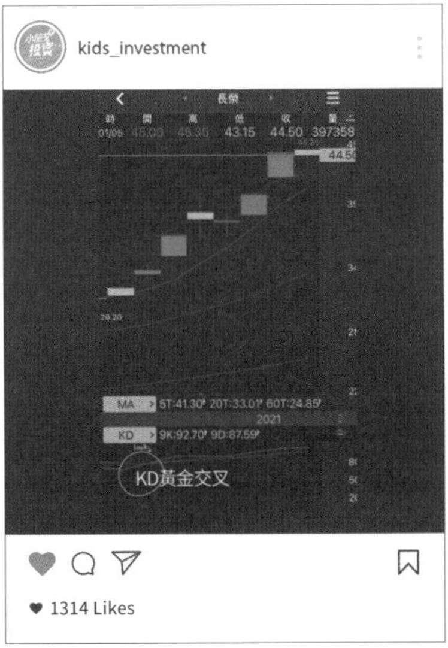

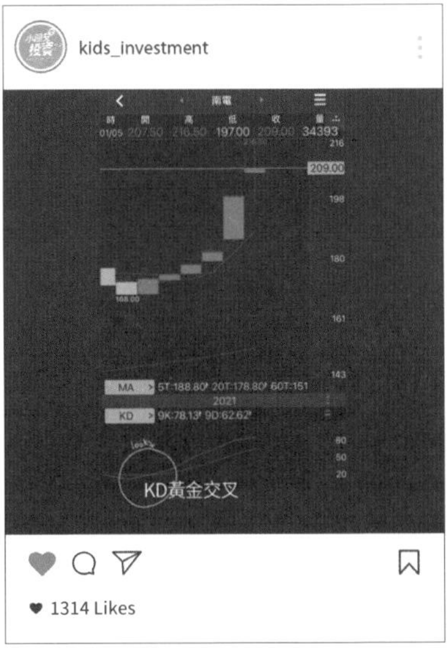

15. 均線黃金交叉

月線（20MA）往上穿越季線（60MA）即為均線黃金交叉，出現這樣的線圖，一般認為後勢看好。

漲勢看好！

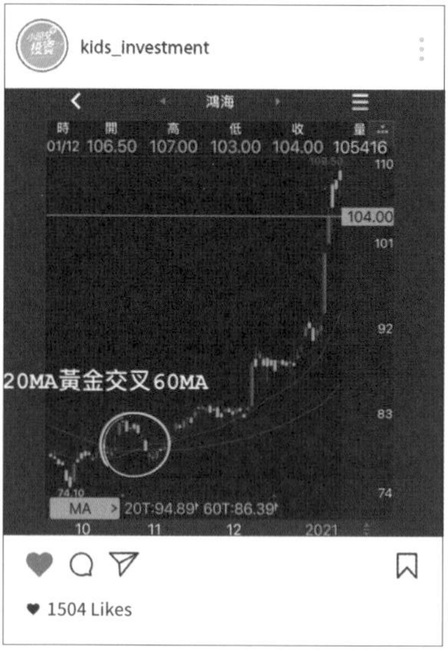

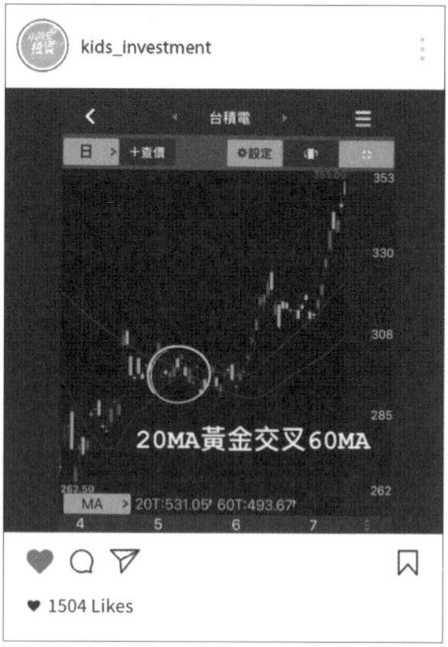

16. 均線死亡交叉

月線（20MA）往下穿越季線（60MA）即為均線死亡交叉。出現這樣的線圖，一般認為後勢看壞。

小心下跌！

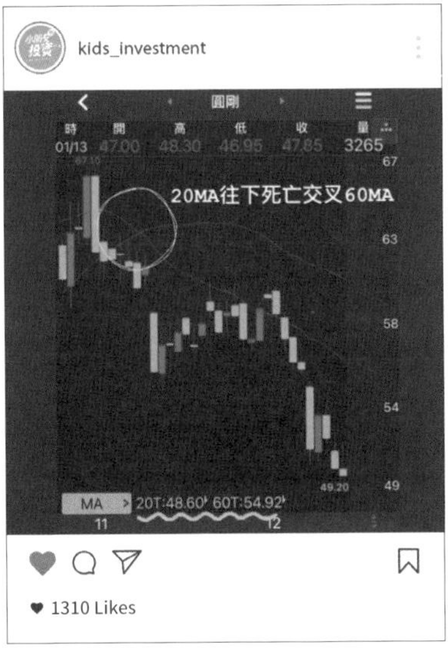

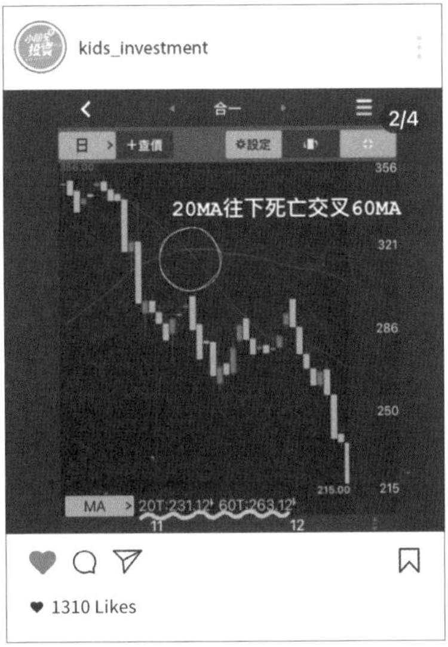

17. 多頭緩漲急跌

緩漲急跌是多頭較常發生的現象，急跌是因為大多數的人都有買，只是一旦遇到利空，產生龐大賣壓而出現的狀況。

多頭時要注意！

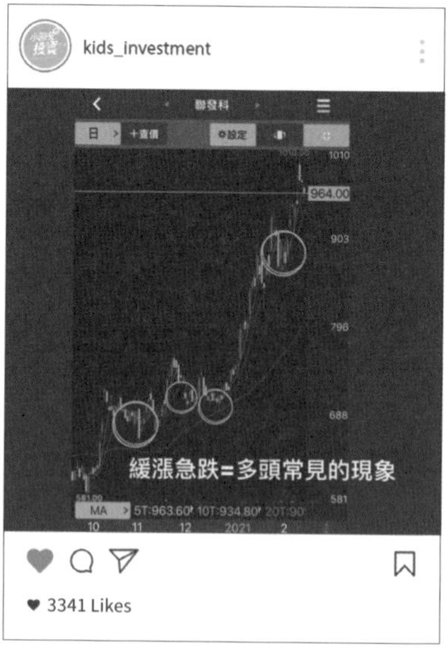

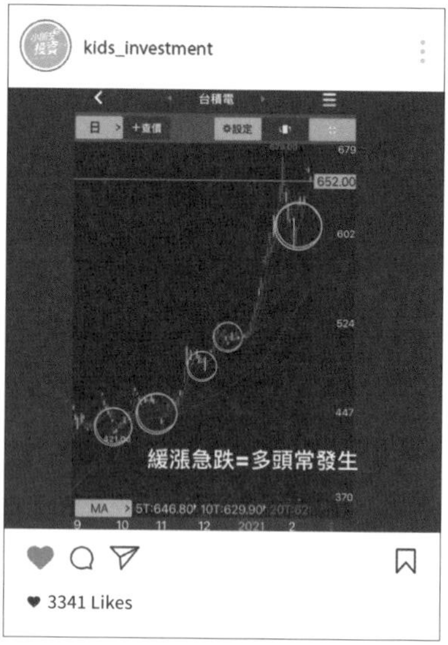

18. 空頭緩跌急漲

緩跌急漲是空頭較常發生的現象。緩跌是因為套牢者不甘心、不願意賣，因此賣壓不大產生的現象。

空頭時極常見

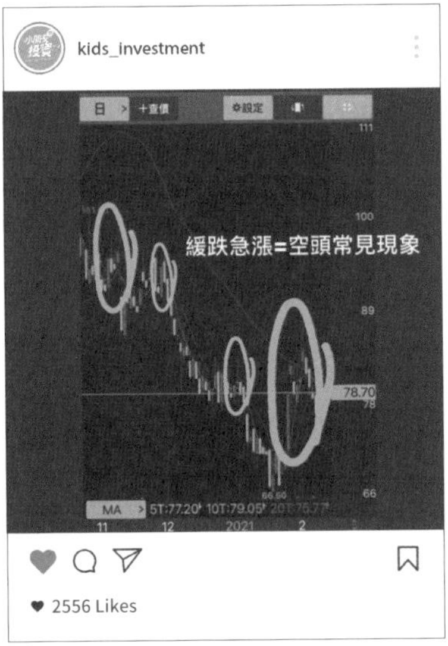

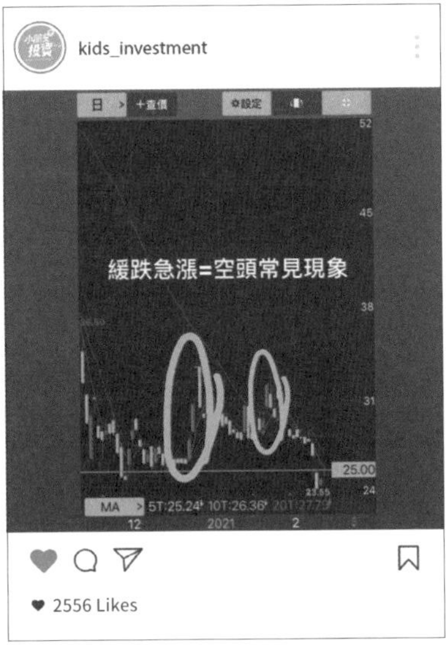

19. 價跌量增

價跌量增等於很多大錢在賣、在跑，這樣的情況要注意，因賣的人比買的人多，後續疑慮增大，要特別小心。

賣多於買要小心！

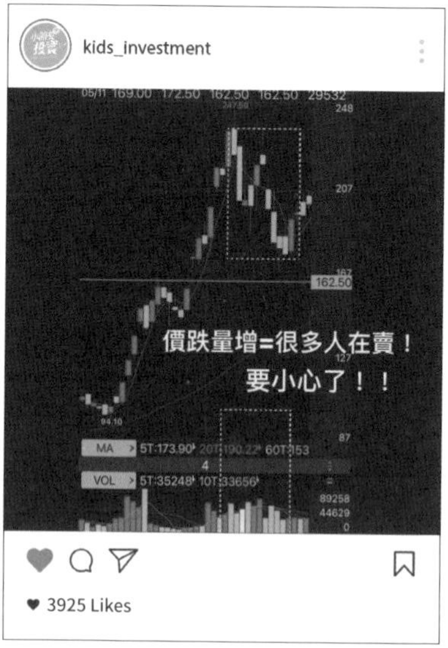

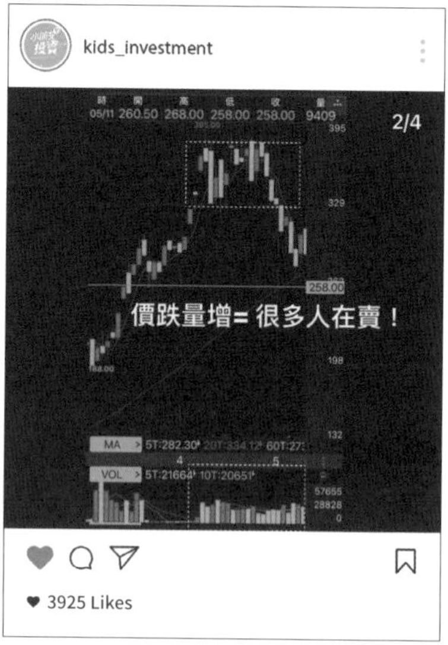

20. 價跌量縮

係指沒大錢在賣、正常的多頭上漲休息，正等待下一個事件攻擊的狀態。

等待下一次出擊

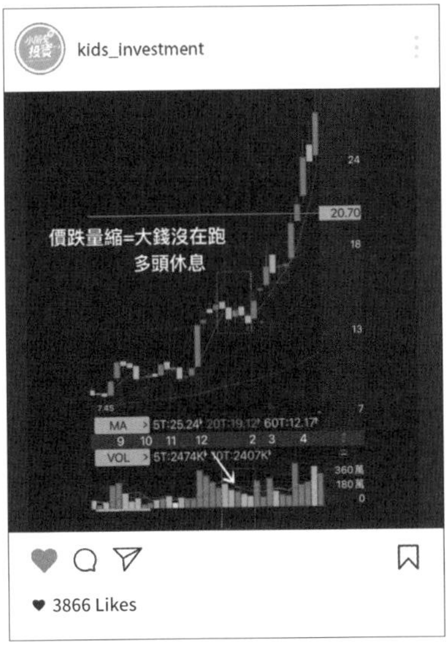

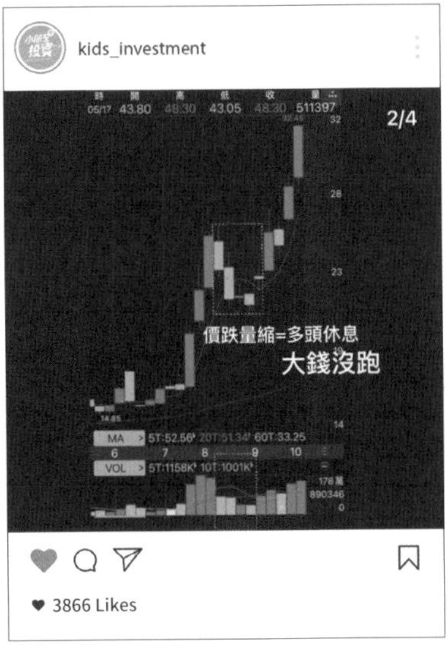

21. 價漲量增

價漲量增等於是市場有共識、很多有錢人買，同時也是好股的多頭慣性。

很多有錢人在買

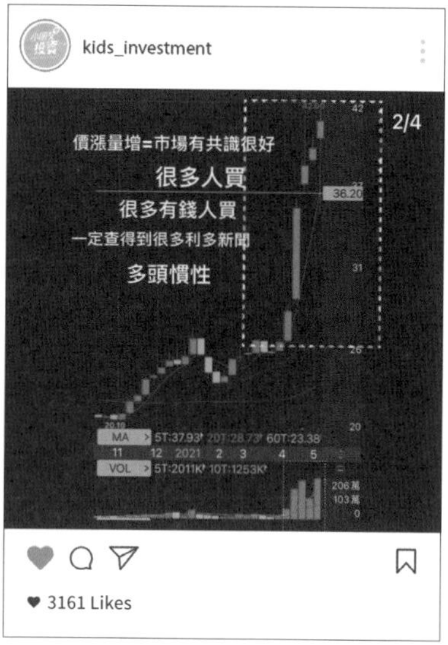

22. 價漲量縮

價漲量縮的原因可能來自：①跳空漲停買不到，所以沒量；②被證交所處置分盤，所以沒量。「分盤」是指五分鐘、三十分鐘、六十分鐘才撮合一次的交易狀況。

處置股分盤交易

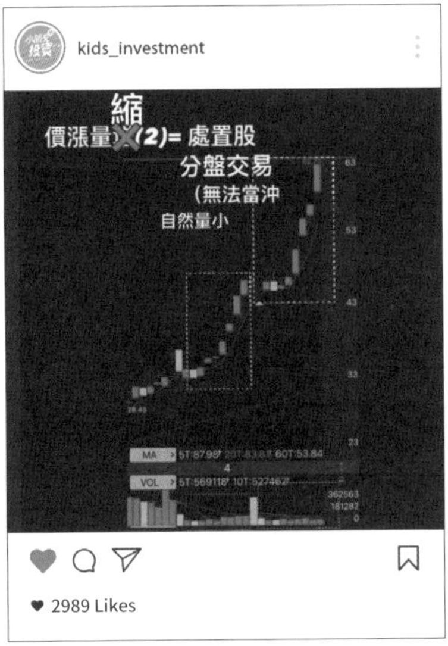

跳空漲停買不到

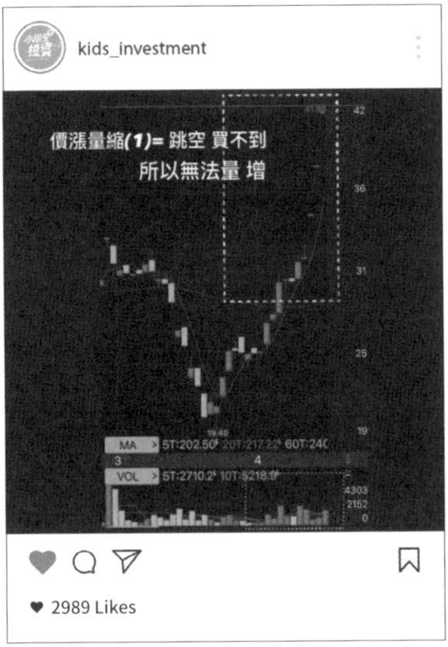

23. 真突破、假突破

下面兩張圖為回測後真突破（圈起處紅色比例較多）以及假突破（圈起處綠色比例多），回測感覺好像都有跡可循，市場上也有很多人一直在追求理解或預測是否突破的真與假，但是若真要事前分辨還是有困難的。

不能分辨的真突破或假突破

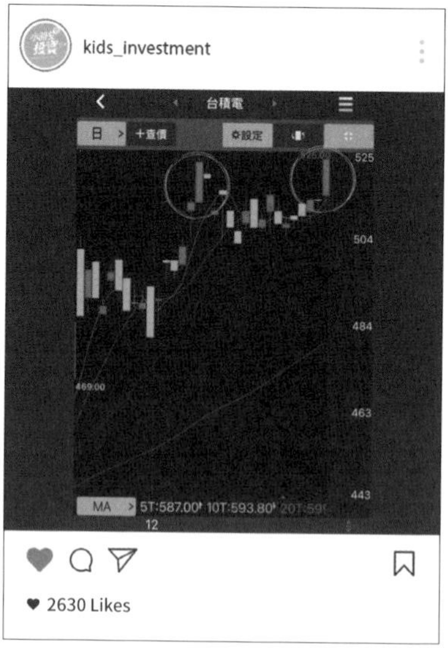

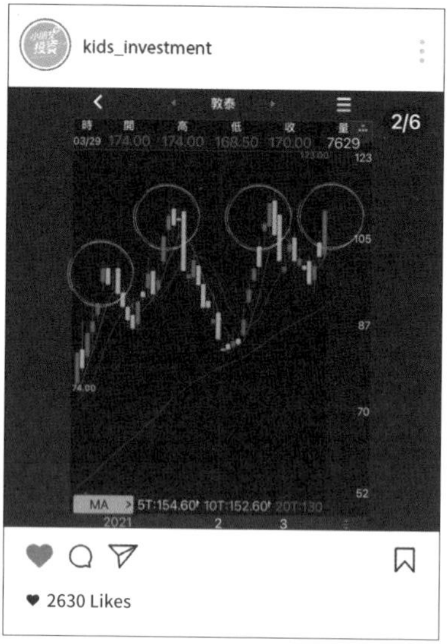

24. 行情

有沒有「行情」是相對性的，市場有行情代表：
①股價有延續性、方向性。
②市場成交量大、大家的參與度高。
③投資人的勝率相對高。

市場沒行情則代表：
①股價沒有延續性、方向性。
②市場成交量小、死魚盤。
③投資人的勝率相對低。

新手請注意，在一年內，沒行情的時間通常多於有行情的時間，這是常態、正常的。因為沒有天天在過年的啦！但是，沒行情的時候只要沒賠，你就是贏。因為大部分人都是越做越輸，所以沒行情時除了要不賠，再來就是好好過生活、好好上班！

國家圖書館出版品預行編目資料

韭菜求生！改造散戶腦：小朋友學投資陪你抗跌追漲、穩定常賺 / 小朋友學投資作 . -- 初版 . -- 臺北市：三采文化股份有限公司 , 2021.10
面；　公分
ISBN 978-957-658-638-5(平裝)

1. 股票投資 2. 投資分析 3. 投資技術

563.53　　110013579

@封面圖片提供：
jozefmicic - stock.adobe.com

suncolor 三采文化集團

iRICH 32

韭菜求生！改造散戶腦

小朋友學投資陪你抗跌追漲、穩定常賺

作者｜ 小朋友學投資團隊
副總編輯｜ 王曉雯　主編｜ 黃迺淳　文字編輯｜ 溫子玉
美術主編｜ 藍秀婷　封面設計｜ 池婉珊
行銷經理｜ 張育珊　行銷企劃｜ 呂秝萱
內頁編排｜ Claire Wei　校對｜ 周桂貝

發行人｜ 張輝明　總編輯｜ 曾雅青　發行所｜ 三采文化股份有限公司
地址｜ 台北市內湖區瑞光路 513 巷 33 號 8 樓
傳訊｜ TEL:8797-1234　FAX:8797-1688　網址｜ www.suncolor.com.tw
郵政劃撥｜ 帳號：14319060　戶名：三采文化股份有限公司
初版發行｜ 2021 年 10 月 29 日　定價｜ NT$420
3 刷｜ 2021 年 11 月 10 日